新思想 新实践 新作为研究丛书

上海市习近平新时代中国特色社会主义思想研究中心

金瑶梅 著

上海引领长三角一体化发展的实践创新

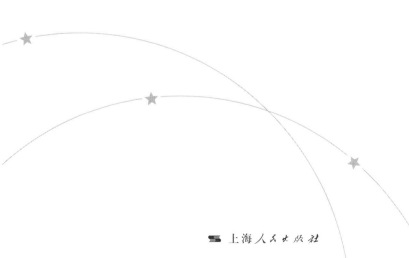

上海人民出版社

总　序

　　党的十九大以来，习近平总书记连续四年亲临上海，对上海发展发表一系列重要讲话、作出一系列重要指示批示、交办一系列重大任务，明确建设具有世界影响力的社会主义现代化国际大都市的新定位，赋予为全国改革发展作出更大贡献的新使命，指明推动经济高质量发展走在全国前列的新路径，赋予在推动长三角更高质量一体化发展中进一步发挥龙头带动作用的新担当，要求打造自主创新新高地、激活高质量发展新动力、增创国际合作和竞争新优势、服务构建新发展格局、开创人民城市建设新局面，提出在全面从严治党上走在前列的新期待。这些重要论述深刻阐明了上海在新时代新征程上要承担什么样的使命、建成什么样的城市、怎样建设城市等一系列根本性问题，从战略定位、根本属性、核心任务、实现路径、发展动力、领导保障等各个方面对上海发展进行战略擘画和把脉指向，是谋划和推进上海发展的科学指南和根本遵循。

　　在习近平新时代中国特色社会主义思想和习近平总书记对上海改革发展发表的系列重要论述及重要指示精神的指引下，上海广大干部群众奋力开拓，不负重托，勇立潮头，以强化"四大功能"为主攻方向，把"五个中心"建设推向前进，聚焦关键环节和重点领域破冰攻坚，加快构筑上海发展的战略优势。改革开放方面，上海以实施国家战略为牵引，推动更深层次改革，实行更高水平开放，主动发挥好开路先锋、示范引领、突破攻坚作用；民主法治建设方面，上海以地方生动实践丰富"全过程民主"的时代内涵，为发展中国特色社会主义民主政治作出上海贡献；文化建设方面，上海持续打响"上海文化"品牌，不断彰显红色文化、海派文化、江南文化独特魅力，全面提升文化软实力；民生保障方面，上海统筹抓好底线民生、基本民生、质量民生，加大政策供给力度，办好民生实事工程；城市治理方面，上海立足超大城市特点，从群众需求和城市治理突出问题出发，在科学化、精细化、智能化上下功夫，努力实现"一流城市一流治理"；党的建设方面，上海作为党的诞生地和初心始发地，高度重视传承红色基因，加强党的建设，不断推进基层党建的探索与创新。"十四五"时期是上海在新的起点上全面深化"五个中心"建设、加快建设具有世界影响力的社会主义现代化国际大都市的关键五年，全市上下正以习近平总书记对上海工作的重要指示为根本指引，始终胸怀"两个大局"、坚持"四个放在"，努力在新征程上奋力创造新时代上海发展新奇迹。

为深入学习和阐释习近平总书记关于上海工作的系列重要论述，扎实研究上海贯彻习近平总书记要求和中央战略部署，奋力创造新时代上海发展新奇迹的重大理论和实践问题，为新时代上海的改革发展提供智力支持和理论支撑，上海市习近平新时代中国特色社会主义思想研究中心和上海市哲学社会科学规划办公室联合开展

"学习习近平总书记关于上海工作重要论述"专题招标，组织专家学者开展集体攻关和专项研究，并挑选部分优秀成果公开出版。这些研究成果涉及进博会的时代意蕴与上海实践、新时代上海发挥引领示范作用、推动长三角一体化发展、上海基层民主政治建设、生态文明与上海高质量发展、上海社会治理创新、新时代上海党的建设的实践创新等。作者主要为长期潜心研究上海改革发展的上海市各高校以及相关单位的专家学者。本次推出的"新思想 新实践 新作为研究丛书"共计 11 本。这套丛书政治站位高、研究视野宽、阐释解读准、思考研究深、联系实际紧，总体上反映本市学术界在上述领域的研究水平。这是上海市习近平新时代中国特色社会主义思想研究中心推出的第三套聚焦于研究阐释习近平新时代中国特色社会主义思想的系列丛书。相信这套丛书的面世，有助于广大读者更加全面、深入地学习和把握习近平总书记对上海工作重要论述的深刻内涵、精神实质和实践要求，深刻把握上海在贯彻落实习近平总书记重要论述过程中的积极探索、实践创新和最新成果，切实把习近平总书记重要讲话精神和党中央重大决策部署转化为推动"十四五"乃至更长时期上海发展的创新思路和务实举措，为上海的改革发展作出新的贡献。

上海市习近平新时代

中国特色社会主义思想研究中心

2021 年 5 月

目　录

前　言

　　长江三角洲地区地理位置独特，地处东海、黄海之滨，为江海交汇之地，沿江沿海港口众多，是长江入海之前形成的冲积平原，主要包括上海、浙江、江苏、安徽三省一市，历来为交通便利、经济发达、人杰地灵的鱼米之乡、富裕之地。长三角区域也是我国经济最具活力的代表性区域。早在 1982 年，我国就已经提出"以上海为中心建立长三角经济圈"，此后长三角一体化发展的进程不断加快。2018 年 11 月，习近平在首届中国国际进口博览会（以下简称"进博会"）开幕式上提出"支持长江三角洲区域一体化发展并上升为国家战略"，充分彰显了新形势下长三角一体化发展的重要性和战略意义，并对上海的城市特征和重要地位进行了阐释。2019 年 11 月，习近平在第二届进博会开幕式上再次就长三角一体化发展问题进行了强调，简单概括了长三角一体化发展上升为国家战略以后所取得的相关成绩，表达了加大改革开放力度的决心。习近平在两届进博会开幕式上所作的重要讲话在顶层设计的层面上明确指出了长三角区域一体化发展战略的重要性。

　　习近平高度重视新时代实施长三角一体化发展战略这一问题，

在视察上海、浙江、江苏及安徽时曾多次针对长三角高质量一体化发展的问题作出相关重要指示，并且在其他一些重要讲话中也有相关话题的提及。由于他在属于长三角区域的浙江与上海都曾经工作过，因此，对于长三角一体化发展的问题有着切身的感受。结合当时的工作实践，习近平早就充分意识到长三角区域一体化发展的重要性，曾就这一问题作出重要指示。党的十八大以来，习近平又多次借调研上海及安徽的机会，进一步对长三角区域更高质量一体化发展的问题进行了强调，指明了长三角区域一体化发展问题在新时代的语境中所彰显的国家战略高度的重要意义。这些重要讲话，一方面揭示了以习近平同志为核心的党中央对于新时代长三角区域一体化发展问题的高瞻远瞩，另一方面也进一步强化了我们对于新形势下长三角区域一体化发展的重要性与紧迫性的认识。

2014年5月，习近平指出：要继续完善长三角地区合作协调机制，加强专题合作，拓展合作内容，加强区域规划衔接和前瞻性研究，努力促进长三角地区率先发展、一体化发展。2018年4月，习近平对长三角一体化发展作出重要批示，要求上海发挥龙头带动作用，凝心聚力，推动长三角实现更高质量一体化发展，更好引领长江经济带发展，更好服务国家发展大局。2019年11月，习近平指出：长三角三省一市要增强大局意识、全局观念，抓好《长江三角洲区域一体化发展规划纲要》贯彻落实，聚焦重点领域、重点区域、重大项目、重大平台，把一体化发展的文章做好。此外，习近平也要求上海在长三角一体化发展进程中发挥龙头带动作用，与长三角其他三省合作协同，从而更好地推动长三角实现更高质量一体化发展。

国内关于长三角一体化发展的论著较多,主要有:张道根等人撰写的《长三角蓝皮书:2018 年新时代发展的长三角》一书,论述了长三角在国家战略的引领下,在产业结构调整、空间布局优化、区域联动发展等方面采取的措施;王振等人撰写的《长三角协同发展战略研究》一书,着重研究长三角协同发展的战略背景、战略问题、战略目标与战略路径;樊福卓等人的《长三角分工、协同与一体化》一书,对改革开放以来长三角区域一体化的发展阶段进行划分,并对每个发展阶段的源动力展开分析,对长三角区域一体化的主要经验加以提炼等;杨上广的《长三角城市区域产业发展演化》一书,对长三角城市区域产业发展演化进程、动力机制等问题进行了分析,提出了长三角城市区域产业低碳化、协同化等发展策略;赵晓雷主编的《2020 上海城市经济与管理发展报告——长三角生态绿色一体化发展示范区建设与上海城市能级提升》一书,对长三角生态绿色一体化发展示范区的区域规划和功能、产业优化布局机制等方面进行了详细阐述,在此基础上,对长三角生态绿色一体化发展示范区与上海城市区位功能的结构优化、长三角生态绿色一体化发展示范区建设与上海二元经济结构的消除等方面提出了富有创新性的分析;刘志彪等人的《长三角高质量一体化发展研究》一书,论述了长三角一体化中的产业结构等;上海市人民政府发展研究中心的《长三角更高质量一体化发展路径研究》一书,论述了相关重要举措等;黄群慧等的《长三角区域一体化发展战略研究》一书,对长三角一体化发展与京津冀一体化发展进行了比较研究。

国内围绕长三角一体化发展进行研究的主要特点可以概括为：一是以新时代为背景，结合习近平的相关指示围绕长三角一体化发展问题展开论述逐年增多；二是由部分高校及科研院所构成的地方智库在相关研究领域发挥出越来越大的作用，比如上海社会科学院、上海财经大学及复旦大学的相关研究院所；三是聚焦上海如何在长三角一体化发展中发挥引领作用的论著相对较少；四是从经济学与管理学的角度研究长三角一体化发展的论著较多，而从马克思主义理论角度研究长三角一体化发展的论著则较少。因此，撰写本书还是有积极意义的。

国外研究中国长三角一体化发展的论著并不多见，但也有部分学术期刊聚焦于区域发展的问题，比如《*New Left Review*》及《*Monthly Review*》等，有提及"上海模式"的论文。总体而言，由于新时代中国特色社会主义的伟大成就，越来越多的国外学者关注中国，但关注中国整体发展的居多，关注中国某一地区发展的相对偏少。

本书以习近平在不同时期、不同场合所作的关于长三角一体化发展的重要论述为指引，结合对长三角三省一市进行的实地调研活动，探究上海在发挥引领作用推进长三角更高质量一体化发展方面的重大举措、实践创新等，其主要意义具体如下：

第一，具有重要的学术价值。本书旨在深入学习习近平在不同时期、不同场合针对长三角一体化问题作出的重要论述，在此基础上进行认真学习研读，并以习近平的相关重要论述为指引，探究上海引领长三角一体化发展的重要举措。习近平的系列相关重要论述，一方面彰显了新时代党和国家对长三角区域发展的高度重视，即从国家战略的高度看待长三角更高质量一体化发展问题，另一方面指明了上海在加强区域合作、发挥引领示范作用、带领周边地区建立创新发展联动机制、提升区域发展能力、切实满足区域人民需求方面的责任，同时还表明新形势下上海在进一步深化改革开放、构筑长三角区域发展战略优势、增强大都市辐射带动能力上应当采取新措施，取得新突破，从而全力推动长三角实现更高质量一体化发展，更好服务全国发展大局。党的十九届五中全会之后，我国进入了高质量发展阶段，踏上了全面建设社会主义现代化国家的新征程，长三角一体化高质量发展是我国高质量发展的重要组成部分，在当下的语境中对其进行研究，具有重要意义。

第二，具有重大的应用价值。上海是长三角地区合作交流的龙头，改革开放以来，上海始终发扬敢闯敢试、敢为天下先的精神，实现了历史性跨越。中国特色社会主义进入新时代，上海要在新起点上再出发，加快提升自身城市能级和核心竞争力，同时勇担更大的使命和责任，发挥好中心城市效应，积极带领周边地区共同发展，大胆进行各方面的实践创新。始终将习近平相关重要讲话精神作为行动指南，以更高的政治站位深入学习领会、全面贯彻落实，这是上海按照党和国家的战略部署，聚焦长三角现实难题，带动周边区域共同发展的良好契机。本书与现实发展密切相连，探究上海如何发挥示范作用，通过采取一系列重大举措，带领长三角区域其他三省将习近平的相关重要论述贯彻落实到实践中去，推进新形势下长三角区域更高质量一体化发展，更好落实党和国家的重要发展战略。本书的研究具有较强的可操作性，充分利用新一轮深化改革开放的时代契机，聚焦现实难题，可以给相关政府部门推动长三角更高质量一体化发展提供理论思路和决策参考，也可以为解决当前长三角区域存在的问题提供智力支持与解决方案，同时为以上海为重要牵引的长三角区域在实践中切实贯彻落实习近平的相关重要指示，献计献策。

本书共分前言、主体内容、结语、参考文献和后记五大部分，其中主体内容部分一共五章，主要内容具体如下：

第一章名为"上海发挥引领作用，推进党建一体化，建设红色长三角"，主要研究上海发挥引领作用，以党建推动长三角更高质量一体化发展，建设红色长三角。一直以来，长三角更高质量一体化发展受到了三省一市行政区域划分所造成的阻碍，而党建工作恰恰可以在这方面打破行政壁垒，发挥纽带作用。首先，分析了新时代建设红色长三角面临的挑战，主要体现在六个方面：第一，上海在党建方面的示范作用和区域党建一体化发展方面的建设作用有待提高；第二，长三角各地区红色资源分布不均匀；第三，长三角区域党建一体化发展缺乏计划性、系统性、长期性、全面性；第四，长三角区域基层党建一体化发展力量不足；第五，不同地区间党员干部队伍建设不对等；第六，长三角区域毗邻党建面临潜在挑战。其次，介绍了新时代建设红色长三角的典型案例，主要分为：第一，上海市区域化党建；第二，毗邻党建。在此基础上，进一步指出了以毗邻党建助推红色长三角建设的意义：第一，毗邻党建有利于开辟新时代长三角一体化党建新形态；第二，毗邻党建为长三角一体化发展提供了组织平台；第三，毗邻党建有利于推动长三角基层联动治理。最后，阐述了上海发挥引领作用，推进党建一体化，建设红色长三角的重大举措：第一，多渠道、全方位、广角度贯彻落实习近平新时代中国特色社会主义思想；第二，党建组织协调各方，提升区域整体发展能力；第三，上海发挥龙头作用，苏浙皖各行其长；第四，统筹资源要素，调动各方力量；第五，以长远眼光制定区域党建一体化发展规划；第六，全力提升基层党建工作质量及党员综合素质；第七，注重服务群众，推动成果转化。

第二章名为"上海发挥引领作用，促进经济一体化，建设活力长三角"，主要研究上海发挥引领作用，以经济建设推动长三角更高质量一体化发展，建设活力长三角。长三角区域三省一市的经济发展有目共睹，堪称我国改革开放以来经济快速发展的样板区域，以经济建设推动长三角更高质量一体化发展，可以使长三角区域更加生机勃勃、活力四射。首先，介绍了长三角区域三省一市的经济发展现状，长三角区域的经济增长潜力不可估量，其中各省市又各有所长：上海以科技创新带动经济发展的能力很强，浙江的民营经济发展迅猛，江苏的企业富有活力，安徽的经济发展具有后发优势。其次，剖析了新时代建设活力长三角的制约因素：第一，区域经济发展存在不平衡现象；第二，长三角三省一市产业的同构程度偏高，不同区域间的分工协作有待进一步强化；第三，以科技创新促进区域经济发展的力度有待增强；第四，新冠肺炎疫情在我国及全球范围内的传播对长三角区域的经济发展造成了很大挑战。最后，提出了上海发挥引领作用，促进经济一体化，建设活力长三角的重大举措：第一，上海发挥引领作用，带领长三角区域其他三省以优势互补提高资源配置效率；第二，上海责无旁贷，充分彰显自身在提升区域整体经济实力中的"龙头"功能；第三，上海发挥引领作用，以科技创新的"引擎"为区域经济快速发展提供不竭动力；第四，上海发挥主导作用，以制度创新为长三角区域经济高质量一体化发展保驾护航。

第三章名为"上海发挥引领作用，加快文化一体化，建设人文长三角"，主要研究上海发挥引领作用，以文化建设推动长三角更高质量一体化发展，建设人文长三角。三省一市有着深厚的江南文化底蕴，共同的精神谱系有助于降低区域间合作成本，要以提升文化软实力推动区域深度融合，促进人民群众对区域的认同感和归属感，建设人文长三角。首先，介绍了长三角区域的文化特色：第一，长三角文化具有同根性、一致性；第二，长三角文化具有开放性、兼容性的区位优势；第三，长三角文化具有认同性、经济性功能。其次，分析了新时代建设人文长三角的制约因素，这些制约因素构成了一定的挑战，主要有：第一，长三角各地文化价值观有所差异，区域文化一体化意识仍然不够强；第二，长三角各个省市之间及省份内部的文化产业发展水平存在较大的非均等性；第三，长三角各省市受不同文化交集推动发展的程度更深；第四，长三角地区网络信息技术发达，网络空间监管更为困难。最后，提出了上海发挥引领作用，加快文化一体化，建设人文长三角的重大举措：第一，充分发挥上海的引领作用；第二，发展区域文化，走向全球，发挥地域文化的魅力；第三，发挥传统文化的同根并联作用；第四，健全长三角文化治理协调机制；第五，把握好网络空间的风向正确性。

第四章名为"上海发挥引领作用，加强生态一体化，建设绿色长三角"，主要研究上海发挥引领作用，以生态文明建设推动长三角更高质量一体化发展，建设绿色长三角。首先，分析了新时代建设绿色长三角面临的挑战：第一，长三角区域现有的生态环境政策和标准存在差异；第二，长三角区域生态绿色一体化总体框架设计和举措有待清晰；第三，上海在生态环境保护和生态绿色一体化方面的引领作用有待提高；第四，长三角区域生态环境质量有待优化，仍是区域一体化发展的"短板"；第五，区域生态绿色一体化发展难点问题突出。其次，介绍了新时代建设绿色长三角的绿色实践，比如沪嘉河长制联动、首个长三角"金平嘉水事议事堂"、以毗邻党建助推河长制联动及三省一市的政府、企业、公众如何携手共建生态文明等。最后，提出了上海发挥引领作用，加强生态一体化建设绿色长三角的重大举措：第一，上海发挥引领作用，贯彻落实绿色发展理念、生命共同体理念，凝聚区域生态绿色一体化发展共识；第二，上海发挥引领作用，进一步完善长三角生态绿色一体化体制机制，推动区域联防联控；第三，上海发挥引领作用，围绕重点领域，开展跨界协同治理实践；第四，上海发挥引领作用，调动各方力量，推动生态绿色一体化落到实处；第五，上海发挥引领作用，立足长远，推进长三角生态绿色一体化可持续发展。

第五章名为"上海发挥引领作用，完善社会保障一体化，建设幸福长三角"，主要研究上海发挥引领作用，以社会保障建设推动长三角更高质量一体化发展，建设幸福长三角。不断开拓新时代长三角区域更高质量一体化发展的新领域，落实新举措，最终目的是为了提升长三角区域全体人民的幸福指数，创建幸福长三角。首先，从医疗保健、社会公共服务等方面介绍了长三角区域的社会保障状况。其次，剖析了新时代建设幸福长三角亟待解决的问题：第一，养老保障体系存在着群体间利益固化、制度分割等问题，总体供给不足，无法满足一体化发展的养老需要；第二，长三角区域内异地就医需求量大且不平衡，医疗卫生特别是优质资源分布不均衡，目前在制度和医疗层面的供给都无法满足需要；第三，在基础设施建设方面差距明显，省区之间的地域分割严重；第四，在社会公共服务方面存在质与量的差距；第五，物质至上的价值观容易造成社会保障服务由主动转被动；第六，区域人力资源分布不均匀；第七，在长三角高等教育一体化方面存在合作不深入的弊端。最后，提出了上海发挥引领作用，完善社会保障一体化，建设幸福长三角的重大举措：第一，上海带头打破空间隔层、减小待遇差距，大力推进社会保障改革；第二，上海发挥引领作用，充分发挥长三角区域各地优势，综合运用土地、医疗、劳动力资源，探索建设标准化的长三角医养结合的连锁型养老公益性机构；第三，上海发挥引领作用，形成长三角区域教育与就业的协同优势。

为了更好地获取、整合资料，顺利开展研究，本书主要运用到了以下四种研究方法：

第一，文献研究法。我们对马克思主义经典作家的文本、马克思主义中国化的经典著作，以及长三角一体化发展的相关国家政策文件、地方工作条例、现有各方面的数据资料等进行了较为全面的了解与分析，尽可能做到正确解读与详细了解，提升理论素养，把握最新的国家相关政策动向与最新的地方相关数据。

第二，社会调查法。我们就新形势下推进长三角更高质量一体化发展需要解决的产业集群布局、美丽乡村建设等一系列问题，多次实地赴长三角三省一市，进行了较为全面、深入的社会调查，获得了一手经验资料。

第三，访谈法。我们通过实地访谈、网络交流等方式与长三角区域部分地方政府工作人员、地方一线工作者、国内相关研究领域的若干学者进行谈话交流，以期较全面深入地了解相关信息。比如，对中共浙江嘉兴市委宣传部的有关领导进行了访谈，具体探讨嘉兴市与上海的一体化对接问题。又如，对浙江海盐环保部门的有关领导进行了专门的访谈，进一步掌握了该县积极参与长三角更高质量一体化发展进程的有关信息。

第四，问卷调查法。我们事先讨论设计了科学合理的系列问卷，内容包括养老、医疗保健及社会保障的其他方面，研究团队深入企业与社区基层，发放调查问卷，最后统计相关数据，服务于整本书的撰写。比如，对上海市杨浦区的部分养老机构进行了问卷调查，获取了相关最新信息。

第一章 上海发挥引领作用，推进党建一体化，建设红色长三角

习近平在很多重要讲话中都提到了长三角一体化发展的问题，表达了对这一问题的高度关注。2016 年 1 月，习近平在推动长江经济带发展座谈会上指出：依托长三角、长江中游、成渝这三大城市群带动长江经济带发展。2019 年 5 月，中共中央政治局召开会议审议《长江三角洲区域一体化发展规划纲要》，由习近平主持会议。会议指出，长三角是我国经济发展最活跃、开放程度最高、创新能力最强的区域之一，在全国经济中具有举足轻重的地位，长三角一体化发展具有极大的区域带动和示范作用，要紧扣"一体化"和"高质量"两个关键，带动整个长江经济带和华东地区发展，形成高质量发展的区域集群。会议强调，把长三角一体化发展上升为国家战略是党中央作出的重大决策部署。要坚持稳中求进，坚持问题导向，抓住重点和关键。要树立"一体化"意识和"一盘棋"思想，深入推进重点领域一体化建设，强化创新驱动，建设现代化经济体系，提升产业链水平。要有力、有序、有效推进，抓好统筹协调、细化落实，把《长江三角洲区域一体化发展规划纲要》确定的各项任务分解落实，

明确责任主体。上海、江苏、浙江、安徽要增强一体化意识，加强各领域互动合作，扎实推进长三角一体化发展。①

在习近平的高度重视之下，《长江三角洲区域一体化发展规划纲要》于2019年底正式印发，全方位、多角度、宽领域详细阐述了从当时的时间节点到2025年这一时间跨度之内的长三角区域一体化高质量发展的总体要求、具体举措等。习近平在"进博会"开幕式上的相关重要讲话从顶层设计的高度指明了长三角区域一体化发展的新时代战略意义，《长江三角洲区域一体化发展规划纲要》的新鲜出炉，则为该国家战略从理论到实践层面的转化、落地、落细与落实起到了关键的作用。该文件特别说明了长三角区域一体化发展的重大意义：实施长三角一体化发展战略，是引领全国高质量发展、完善我国改革开放空间布局、打造我国发展强劲活跃增长极的重大战略举措。推进长三角一体化发展，有利于提升长三角在世界经济格局中的能级和水平，引领我国参与全球合作和竞争；有利于深入实施区域协调发展战略，探索区域一体化发展的制度体系和路径模式，引领长江经济带发展，为全国区域一体化发展提供示范；有利于充分发挥区域内各地区的比较优势，提升长三角地区整体综合实力，使其在全面建设社会主义现代化国家新征程中走在全国前列。②

推动长三角区域高质量一体化发展，最重要的一点是发挥党建

---

① 参见《研究部署在全党开展"不忘初心、牢记使命"主题教育工作 审议长江三角洲区域一体化发展规划纲要》，《人民日报》2019年5月14日。

② 参见中国政府网 http://www.gov.cn/zhengce/2019-12/01/content_5457442.htm?_zbs_baidu_bk，2019年12月1日。

引领作用，突破行政区域的机械分割，充分利用长三角各省市所拥有的红色革命资源，继承和发扬长三角区域的红色革命文化传统，建设红色长三角。加强红色长三角建设，不仅是贯彻落实我们党在新时代党建要求的重要体现，而且是解决当前长三角一体化发展现实难题的重要举措。当前长三角一体化正在走向高质量发展，在此过程中，面临如下难题：行政级别不对等、政策法规有冲突、整体设计需加强、联动共享待推进、基层治理缺资源和配套举措欠完善等。特别是行政级别不对等带来的体制机制障碍不仅影响新时代长三角经济建设，而且影响着长三角社会生活的诸多方面，这就需要切实借助新时代新思维进行破解，新时代党建的更高要求为破解这一难题提供了思路。基于此，以党建一体化构建红色长三角成为突破长三角高质量一体化发展瓶颈的新举措。借助党发挥总揽全局、协调各方的作用，依托党的建设平台和相关机制，推动破解长三角各行政区机制体制束缚，推动跨区域协调发展。在长三角更高质量一体化发展中，党建引领，充分发挥党组织作用，推动上海发挥好区域龙头作用，推动长三角跨省市联动发展，通过搭建区域党组织联动合作平台，更好地推进国家战略。

第一节　新时代建设红色长三角面临的挑战

党的十九大报告明确提出实施区域协调发展战略[1]，根据这

---

[1]　参见习近平：《决胜全面建成小康社会　夺取新时代中国特色社会主义伟大胜利——在中国共产党第十九次全国代表大会上的报告》，人民出版社 2017 年版，第 27 页。

一顶层设计，我们要建立更加有效的区域协调发展新机制，实现相邻区域优化协同发展。习近平特别指明了新形势下促进区域协同发展的总思路："按照客观经济规律调整完善区域政策体系，发挥各地区比较优势，促进各类要素合理流动和高效集聚，增强创新发展动力，加快构建高质量发展的动力系统，增强中心城市和城市群等经济发展优势区域的经济和人口承载能力，增强其他地区在保障粮食安全、生态安全、边疆安全等方面的功能，形成优势互补、高质量发展的区域经济布局。"①长三角区域一体化发展战略是新时代推动区域一体化发展和建设社会主义现代化强国新征程的重要战略举措。中央全面深化改革委员会第四次会议指出，建立更加有效的区域协调发展新机制，要坚持和加强党对区域协调发展工作的领导。新时代推动长三角更高质量一体化发展，需要在习近平新时代中国特色社会主义思想的指导下，贯彻落实习近平关于长三角一体化发展的重要论述和长三角一体化总体要求，以党建为引领，以基层党建为抓手，"建设红色长三角"②。

办好中国的事情，最关键的一点是始终坚持中国共产党的领导。党的十九大报告指出："坚持党对一切工作的领导。党政军民学，东西南北中，党是领导一切的。"③党的建设关系重大、牵动全

---

① 《习近平谈治国理政》第 3 卷，外文出版社 2020 年版，第 270—271 页。

② 金瑶梅：《新形势下推进长三角更高质量一体化发展面临的挑战及其对策探析》，《理论与评论》2020 年第 2 期。

③ 习近平：《决胜全面建成小康社会 夺取新时代中国特色社会主义伟大胜利——在中国共产党第十九次全国代表大会上的报告》，人民出版社 2017 年版，第 20 页。

局，党和人民事业发展到什么阶段，党的建设就要推进到什么阶段。在开创和发展中国特色社会主义事业的整个历史进程中，中国共产党始终发挥着总揽全局、协调各方的作用。弘扬革命精神，在自我革命中推进党的建设，是中国共产党的鲜明品格。党的十八大以来，以习近平同志为核心的党中央领导全党，以极大的政治魄力和政治智慧推进全面从严治党，勇于刀刃向内，深化自我检视，坚决同一切弱化党的先进性和纯洁性、危害党的肌体健康的现象做斗争，推进全面从严治党工作。党的十九大报告指出："新时代党的建设总要求是坚持和加强党的全面领导，以党的先进性建设为主线，以党的政治建设为统领，全面推进党的政治建设、思想建设、组织建设、作风建设、纪律建设，把制度建设贯穿其中，把党建成为始终走在时代前列、勇于自我革命的、经得起风浪考验的马克思主义执政党。"①新时代党的建设总要求对于建设一个什么样的党确定了科学而清晰的目标：始终走在时代前列，反映党的先进性基因和时代性特质。人民衷心拥护，是党长期执政的力量源泉。勇于自我革命，是党的鲜明品格和重要优势。经得起各种风浪考验，是党必须具备的政治智慧和战略定力。朝气蓬勃，是党应当永远保持的进取状态和精神风貌。

长三角区域历来传承着红色革命基因。2021 年是中国共产党成立 100 周年，在这样一个重要的历史时刻，通过一系列的党史学

---

① 习近平：《决胜全面建成小康社会　夺取新时代中国特色社会主义伟大胜利——在中国共产党第十九次全国代表大会上的报告》，人民出版社 2017 年版，第 62 页。

习活动，全面回顾中国共产党百年发展历程，将百年党史知识内化于心，深刻把握什么是中国共产党的初心与使命，切身体会革命年代英雄先烈们的伟大报国情怀，并紧密联系当今中国最新的社会现实，体悟中国共产党为什么"能"，如何"能"，具有重要意义。长三角区域具有光荣的革命传统和诸多的红色历史遗迹，对其进行梳理、挖掘、整合，建设新时代的红色长三角，彰显了时代的必然要求。新时代红色长三角的构建具有可行性，但是，基于现实发展情况，其建设仍然面临一系列挑战。

一、上海在党建方面的示范作用和区域一体化党建方面的建设作用有待提高

上海是中国共产党的诞生地，具有十分丰富的红色资源，一批批革命先行者和建设者在此留下了足迹，共同铸造了上海的红色基因。多年来，上海组织相关力量，对上海市的红色资源进行了整理，对红色基因进行了深入挖掘，形成了系列链式成果。但是，上海当地红色资源的整合工作仍面临诸多障碍，围绕红色文化的传承和发展工作仍然有待提高，新时代青少年红色文化传承这一重点工作的实效性仍需提高。作为中国共产党的诞生地，上海仍需处理好红色文化传承和现代化建设之间的关系，党建示范作用仍然有待提高。此外，在长三角区域一体化党建方面，其带动作用仍然不足，就现有的实践而言，上海市仅仅部分区域与长三角其他地区展开了跨区域党建一体化协作，诸多地区受到区域行政壁垒和担心长三角

周边地区从自身获利的固化思维影响，未能充分带动长三角党建一体化高层次规划、基层协作、各方力量协调和技术要素共享，服务建设长三角区域一体化党建的意识仍然不足，行动仍然不够。具体而言，存在以下问题：

第一，上海市街道和社区覆盖面广，区域居民成员复杂，外来居民流动性强，而社区党组织人力资源和物力资源有限，社区党组织成员既要处理日常事务，又要协调处理与其他组织的共建工作，工作任务繁重，面对不同居民，特别是流动居民的日常事务，协调难度较大。

第二，街道和社区流动党员参与地方志愿活动的意识不充分，且在具体的实践中仍然受到行政命令下达后执行这一模式的束缚，仍未能展现自主性。

第三，街道、社区党组织与附近科研院所、学校和企业党建活动开展仍然有限，大量非公企业、社会组织出现后，区域内非公企业和社会组织的党组织设置未能及时跟进，"两新组织"党组织建设和党建工作仍然有待完善，其与街道、社区党组织合作能力同样有待完善。此外，社区党组织与驻区单位党建共建获得了一定的推进，但驻区单位党组织服务地方发展的意识有待加强，部分区域党组织"建而不联和联而不合"的情况仍然存在。

第四，上海市部分地区区域化党建空间仍然局限于上海市周边地区，未能有效突破空间和行政束缚，与长三角其他地区展开区域化党建共建，区域一体化党建空间有待进一步开拓。

问题倒逼改革，改革促进问题的解决。在长三角一体化战略背景下，上海推进区域化党建需要进一步开阔思路，在现有行政隶属关系的前提下，组织协调区委、街道、社区和驻区单位等组织，依托长三角一体化战略，以长三角为区域党建一体化空间生长点，推动区域摆脱纵向管理单一模式的束缚，打破固化空间布局，开辟好横向组织空间，构筑开放型组织空间架构，构建好跨省跨区域党建生态圈，由此构建好区域党建共同体。

二、长三角各地区红色资源分布不均匀

基于历史原因和现实情况，长三角三省一市在发展水平上具有差异性，在红色历史继承和推进方面也有所差异。长三角城市与乡村之间存在历史文化传承差异，长三角各地在红色资源的分布上有所不同。比如上海，具有浓厚的红色传统，并且红色资源得到不断整合。浙江的嘉兴是中共一大召开地之一，作为革命圣地，其对党建工作的重视及实际工作层面在党建资源的享有方面有优势。从中不难看出，在长三角区域各个省市之间及在一些省市内部，红色资源分布不均匀。虽然一些地方的党建工作富有成效，但总体上发展有快有慢开发整合程度不同，成为建设红色长三角的挑战之一。

三、长三角区域党建一体化缺乏计划性、系统性、长期性、全面性

当前，长三角一体化背景下的基层党建合作规划依然不够清

晰，三省一市间需要针对跨区域党建联建进行理论与实践两方面的长期探索。虽然长三角区域部分毗邻地区之间的党建联建取得了初步成效，但是依然受到行政区域划分这一壁垒的影响，因此区域一体化党建规划面临困境。长三角各地方政府之间尚缺乏党建工作一体化的强烈共识和以党建引领长三角更高质量一体化发展的强烈共识，并在区域党建工作一体化的计划及落实方面缺乏长期、系统、深入、全面的规划及具体措施，这会导致目前已有的一些先进经验无法推广、难以为继。在主体实践方面，长三角区域党建的建设者、参与者之间仍存在从理念到行动的一定差距，服务于长三角一体化发展的能力有限。部分地区相关主体仍未意识到党建引领在长三角一体化发展中的作用，基于地区现实利益考量，未能充分结合地理空间特点展开规划。此外，在区域党建一体化方面，经验积累不足，现有可借鉴方式少，制约了一体化系统规划步伐。

四、长三角区域基层党建一体化发展力量不足

近年来，基层治理备受关注，基层治理需要协调调动各方力量共同参与，然而，长三角部分区域基层习惯于垂直执行方式推动地方建设，缺乏一定的自主性，未充分利用基层党组织推动地方建设，导致基层党组织的职能更多停留于相关会议精神传达和文件学习层面，与地方发展实际存在一定的脱钩。事实上，基层党组织在组织协调基层各方力量、推动基层充分发挥自主性和推动地方发展方面具有十分重要的作用。新时代推动长三角基层治理必须发挥好

基层党组织的作用和功能。但是，当前在长三角基层党建一体化发展方面与基层党组织作用和功能发挥方面仍然存在问题，基层党员和各方力量仍然未充分发挥作用，基层党建一体化发展不足的短板直接制约着长三角整体区域党建一体化发展的进程，这些问题亟待解决。

五、不同地区间党员干部队伍建设不对等

以党建工作促进长三角不同地区之间的一体化发展，这是近年来长三角区域一直在落实的事情，但是不同地区之间在党员干部的挂职锻炼方面，存在不对等的现象。举例来说，浙江平湖与上海金山之间的毗邻党建工作开展得有声有色，两地互派党员干部去对方那里进行挂职，但是金山派去平湖挂职的党员干部大约为平湖派去金山挂职党员干部的三分之一。另外，在党员干部专业素质的提高方面，地区之间存在培训师资、场地、培训手段等方面的差距。从干部素质提升的角度来讲，部分基层党建工作者创新意识较差，缺乏运用互联网技术的能力，对于新技术、新事物的接受能力较弱，无法对"智慧党建"做出科学合理的规划与实施。

六、长三角区域毗邻党建面临潜在挑战

当前，从村居级层面到区市级层面，毗邻党建引领区域发展，推动各领域合作共建。但是，由于毗邻党建方式仍然处在探索阶段，在推进过程中面临一些难题及挑战，主要体现为：在毗邻党建

的深入推进和各项措施落实过程中，仍然面临基于地方利益差异导致的行政和政策壁垒。在毗邻党建引领下，金山与嘉兴两地逐步破除行政体制机制束缚，开展不同层级部门间的结对。但是，这些结对方式仍然不够完善。毗邻党建主要在上海金山与浙江平湖、嘉善地区开展，目前的实践层次较低，更多在乡镇与村级层面展开，面临更高层次和更宽领域的行政壁垒和利益藩篱。如上海为直辖市，上海市的区、乡镇与嘉兴市的县、乡镇在行政层级上存在差别，在实际对接过程中，仍然会受到对接级别不对等带来的阻力，需要通过提升对接层次来解决当前对接困境。此外，在对接过程中，由于毗邻区域间资源分布不均衡，发展水平参差不齐，在实际推进过程中，这些毗邻区域在人才引进标准、公共服务标准和生态环境保护标准等方面存在差异，区域共享获得感程度有所不同，阻碍一体化建设。如通过医疗卡、公交卡互通和教育资源共享等方式，嘉兴市民在一体化过程中逐步获得了上海在基础设施、医疗卫生和教育等方面的优质资源。但是，与其毗邻结对的金山市民在此过程中的获得感相对较少。因此，联动发展的民生红利共享和获得感提升的问题仍然有待进一步研究并解决。

总之，要积极推动上海、浙江、江苏和安徽交界处基层党组织合作，市、县（区）、乡镇（街道）、村（社区）多方联动，相互学习毗邻区域的先进经验，破除组织、人力、财力、科技、信息等方面的难题，推动跨区域基层优势互补、互利共赢，区域基层单位党组织自觉接受区域党委指导，积极参与区域社会工作，搭建社会化工作平台，搭建更多协商合作平台，加强区域内基层党组织之间的合作，将党的政治优势和组织优势转化为基层发展优势。此外，以党建引领长三角区域一体化工作，建设红色长三角，一定要突出民生党建，推动基层党建服务精准化、专业化、高效化和常态化，服务群众需要，筑牢民生改善力量，推动区域化党建获得更强的生命力，由此，发挥好长三角地区以党建促发展的特点，并在全国范围内起到表率作用。

第二节　新时代建设红色长三角的典型案例

上海引领，以党建为突破口，创新党建形式，以区域化党建引领区域联动发展。结合现有红色长三角实践，总结起来，有以下典型案例值得关注：

一、上海市区域化党建

随着中国社会经济结构的变迁和城镇化的发展，中国社会空间形态出现了重大变化。"村、居、企等交织分布，城市居民、农村居民和外来人口混合居住，工业园区、外来人口集聚区、城中村、园（工业园区）中村、拆迁安置社区等新型社会空间形态"①不断

---

①　徐彬：《区域化党建激发基层治理新活力》，《光明日报》2019 年 2 月 15 日。

出现。伴随着社会形态的变迁，社会主体价值愈加多样多元，社会组织增多，社会利益分化，垂直管理模式下的单位党建和社区党建面临一定的发展困境。为有效推进区域社会治理，防止区域分化为"片段甚至原子"①，社区等基层区域成为了"新社会调控体系的载体"②。这一新形式以社区、街区等为新的载体平台，进一步发挥区域党组织的协调作用，激活社区、街区的空间力量，推动基层党组织和其他组织契合。

上海市在全国较早进行区域化党建实践。2004 年，上海市出台《关于加强社区党建和社区建设工作的意见》，正式启动区域化党建工作。2011 年，中共上海市委办公厅发布《关于进一步推进本市区域化党建工作的若干意见》，明确上海市"区域化党建 21 条"。2014 年，中共中央发布《关于加强基层服务型党组织建设的意见》，明确将"推行区域化党建"作为重要内容。2014 年，上海市委"一号课题"以"创新社会治理，加强基层建设"为主题，发布"1＋6"文件，推进基层社会治理。2017 年，上海市委相关部门发布《关于全面加强城市基层党建工作的意见》，明确"城市基层党建 20 条"。

基于新时代区域主体流动性增强的特点，上海部分地区结合区域情况，在"一核多元"总体思路下，采取多种方式，推行"双报到"制度，确保驻区单位党组织到社区党组织报到，党组织关系不

----

① 孙立平：《转型与断裂：改革以来中国社会结构的变迁》，清华大学出版社 2004 年版，第 52 页。

② 刘建军：《单位中国：社会调控体系重构中的个人、组织与国家》，天津人民出版社 2000 年版，第 542 页。

在现居住地的党员到现居住地党组织报到。通过对街道、社区内相关组织和成员的整合，明晰区域内党建共建可利用力量，推进区域化党建工作。经过各区多年实践，区层面、街道（乡镇）层面、居村层面发挥党的领导核心作用和组织优势，整合国有企事业单位和群众团体等各方资源，凝聚各方力量，服务地方发展，服务群众。在此过程中，产生了诸多新思路，形成了系列创新性实践。

上海市徐汇区联合上海市委党校等单位，开办"徐汇党员大课堂"，设置龙华烈士陵园等"党员组织生活现场开放点"，成立"区域化党建促进会"。以联席会议为契机，推动区域重点项目对接。打造"康乐工程"品牌，街道党建引领社区治理，提升小区治理能力。通过机制共建和资源共享，共同推进区域经济发展、教育和医疗卫生等领域的合作。奉贤区以构建"贤城先锋联盟"为目标，在区级层面构建区域化党建联席会议，推动驻区单位党组织与镇、社区和开发区等单位联动沟通。通过构建党群微家、党建微公园等红色阵地，提高机关事业、村居支部党员服务地方发展的意识和能力。金汇镇党委成立党群服务亭联合推进项目组，党群服务亭内设立"微心愿认领区"，党建共建单位助力完成"微心愿"。崇明区通过"支部联系＋班子聚力"和"支部联系＋组团发力"等方式，助力"乡村振兴示范村"建设，协调解决居民反映强烈的各类生活问题，提升地区居民幸福感。

嘉定区设立睦邻党建模式，将基层党组织与各类组织融合，党建引领，协商区域工作，采用信息化方法建立区域党建云平台。区域化党建平台下设立科创建设、经济建设、城市建设和社会建设等专委会，通过区域化党建联席会议轮值制和专委会"双主任"制等方式，调动各方力量。在跨行政区合作层面，基于上海市嘉定区先进制造业发达、温州民营经济活跃和苏州产业实力雄厚的区域优势，三地党委中心组提出共同打造嘉昆太协同创新核心圈和建设更高质量一体化发展深度融合示范区的目标。同时，奉贤区与静安区、杨浦区和闵行区开展优秀村居干部挂职锻炼，推动跨地区党建联建。普陀区长寿路街道构建"双链联动"机制，推动驻区单位的资源"供应链"对接社区居民"需求链"，做实做细服务群众系列工作。2012 年，杨浦区区域化党建联盟成立，围绕建设、卫生、科技和教育等领域建立联盟行业，鼓励在职党员利用业余碎片时间，参与"微公益"行动。五角场镇成立"爱心微盟"，引导在职党员参与群众医疗服务和助老爱老等活动。虹口区借助中共四大会址等红色资源，整合区域党建红色文化资源，提升区域红色文化底蕴。区委组织部牵头抓总，区委党校、区党建服务中心和各街道社区党校联合推出"虹讲堂"党员教育品牌，推动区域党员教育常态化。在区域共建方面，以市民驿站为示范，完善区域三级党群服务体系。虹口区曲阳路街道党工委深化党建引领社会治理创新，助力解决区域基础设施老化、配套功能欠缺和绿化布局不合理等问题，协调区域化党建单位、物业公司和业委会等力量，筹集资金，对区域进行综合改造。同时，通过家园党建和网格化党建等方式，推动党员联动，鼓励青年党团员进小区，引导区域内青年参与社区治理，推动形成共治共享的社区治理格局。

黄浦区是中共一大会址所在地，具有丰富的红色基因。2015

年，黄浦区成立区域化党建联席会议，区域内地方党委与各组织展开协作，形成了街道与企事业单位"双向认领"公益服务项目和工作制度，打造了"文化思南"等品牌。通过服务群众，推动区域共建共赢，探索创新党建方式方法，推动基层党组织发挥战斗堡垒作用，引领基层各级组织联动发展。宝山区委组织部推出宝山"两新"组织党建工作"红帆港"特色品牌，建立"红帆港"党群指导站、服务站和活动站，构建党建带群建枢纽平台，整合"两新"组织党员之家等力量，基于项目清单，多方参与志愿服务，开展"红帆港"党群活动，形成区域化党建大格局。通过社区与企事业单位、"两新组织"联动，坚持一体化路径，构建常态化联动机制。浦东区以"一中心、一品牌，一区域、一特色"为思路，形成系列区域化党建品牌，如陆家嘴街道的"金色纽带"品牌、潍坊街道的"楼宇党员嘉年华"项目、塘桥街道的"万名党员爱心基金"项目、唐镇的"幸福讲'唐'"区域化党建新模式和碧云社区的"情暖碧云天"项目等。通过党建联合，发展公益事业，服务群众，推动各类组织服务地方发展。闵行区通过"制度链"和"联建图"绘制，明确区域化党建可利用平台，通过陈列"项目菜单"，明确服务地区发展和民生建设重点任务。莘庄依托"莘锋尚"党员志愿者队伍，定期与"两新"组织联合开展关爱老人、驻区单位参与河道清洁等区域活动。吴泾、七宝、古美、江川和虹桥完成"一库一平台"党建数据排摸采集工作，梅陇、莘庄、华漕和莘庄工业区通过党建微信公众号，协同参与区域化党建工作。吴泾镇以"泾彩党建"品牌为抓手，对区域内党建资源和产业资源进行集约利用，打造"特色小镇、党建高地"和"红色集群"，形成森马服饰"爱心衣柜"、博彦科技"HI 党课"和英特尔"DIY MY CITY"等红色项目。此外，新党建服务中心成立党建联合馆，展示区域党建工作，通过片区党建工作站和党建服务站等平台，进行"微自治"和"微联盟"，开展"微课堂""微环保"和"微公益"，推进红色河长、红色路长和红色物业等活动。

上海交大、华东师大、紫竹高新区和中国航发商发等区域单位进行党建联建战略合作，利用区域党建优势，打造区域产业群，推动产业结构优化升级，合力建设特色小镇。2018 年，"党建鑫空间"与吴泾六大片区联动合作，开辟"泾彩时尚"微课堂，展开"保护母亲河"微环保和"承包地"微自治等项目，将区域化党建共建效应转换为产业发展优势，通过党建服务站创建工作，推动基层协商共建，推动成果转化。目前，上海市商务委市场体系建设处党支部积极发挥作用，推动苏浙皖沪三省一市商务部门在上海签署《推进长三角区域市场一体化发展合作协议》，上海市海关和上海市交通委交通建设处，以党建为引领，推动一体化实务工作开展。①

上海市通过区域化党建探索与实践，打造区域化党建"区—街镇—村居"三级网络平台，完善组织平台，加强管区各单位党组织间的横向联系，形成区域化党群工作联动制度，成立流动党员党支部，试行区域化党建轮值召集人制度，派驻党建指导员，共抓党建

---

① 参见《党建引领，为一体化带来新变化》，《解放日报》2019 年 10 月 11 日。

工作，充分利用现代技术，推动数据整合和信息共享，推进党组织活动方式多样化，筑牢我们党在基层的执政根基。通过党员常态化活动，推动人民群众所需所盼的重点领域联建协作，提升服务群众能力，有效推动了地方社会治理。

2018年11月6日至7日，习近平在出席首届中国国际进口博览会开幕式和相关活动后，在中共中央政治局委员、上海市委书记李强和时任市长应勇的陪同下，深入上海的企业、社区、城市运行综合管理中心、高新科技园区，就贯彻落实党的十九大精神和当前经济形势、推进科技创新、加强城市管理和社区治理进行调研。

位于陆家嘴的上海中心大厦建筑总高度632米，是已建成的中国第一、世界第二高楼，也是上海的一座标志性建筑。大厦22层的陆家嘴金融城党建服务中心是陆家嘴金融贸易区综合党委建立的"楼宇党建"阵地。2018年11月6日上午，习近平来到这里，详细了解中心开展党建工作等情况。在党建服务中心的空中花园研讨交流区，3家企业党支部正在联合开展"我与金融城共成长"主题党日活动，习近平来到他们中间，同他们亲切交谈。他充分肯定了上海从陆家嘴金融城产业集聚、企业汇聚、人才广聚的实际出发，创新党建工作思路和模式，为楼宇内各种所有制企业的基层党组织和党员提供学习指导、管理服务、活动平台的做法。习近平指出，党建工作的难点在基层，亮点也在基层。随着经济成分和就业方式越来越多样化，在新经济组织、新社会组织就业的党员越来越多，要做好其中的党员教育管理工作，引导他们积极发挥作用。基层党建既要发扬优良传统，又要与时俱进，不断适应新形势，拓宽基层党建的领域，做到党员工作生活在哪里、党组织就覆盖到哪里，让党员无论在哪里都能找到组织找到家。希望上海在加强基层党建工作上继续探索、走在前头。我们在有党员的各类企业里建立党组织，目的是为企业的党员提供管理和服务，团结凝聚员工，发挥党员先锋模范作用。这也有利于企业加强管理，有利于推动企业健康发展。

11月6日下午，习近平来到浦东新区城市运行综合管理中心，通过大屏幕了解上海城市精细化管理和国际贸易单一窗口运营情况。习近平强调，城市治理是国家治理体系和治理能力现代化的重要内容。一流城市要有一流治理，要注重在科学化、精细化、智能化上下功夫。既要善于运用现代科技手段实现智能化，又要通过绣花般的细心、耐心、巧心提高精细化水平，绣出城市的品质品牌。上海要继续探索，走出一条中国特色超大城市管理新路子，不断提高城市管理水平。习近平一直关心洋山港建设和发展，在这里还视频连线洋山港四期自动化码头，听取码头建设和运营情况介绍。他指出，经济强国必定是海洋强国、航运强国。洋山港建成和运营，为上海加快国际航运中心和自由贸易试验区建设、扩大对外开放创造了更好条件。要有勇创世界一流的志气和勇气，要做就做最好的，努力创造更多世界第一。他希望上海把洋山港建设好、管理好、发展好，加强软环境建设，不断提高港口运营管理能力、综合服务能力，在我国全面扩大开放、共建"一带一路"中发挥更大作用。

11月7日下午，习近平听取了上海市委和市政府的工作汇报，对上海各方面工作给予肯定。他希望上海继续当好全国改革开放排头兵、创新发展先行者，勇于挑最重的担子、啃最难啃的骨头，发挥开路先锋、示范引领、突破攻坚的作用，为全国改革发展作出更大贡献。习近平强调，上海在党和国家工作全局中具有十分重要的地位，做好上海工作要有大局意识、全局观念，在服务全国中发展上海。习近平对上海提出了五个方面的工作要求。其中第一点便是要求上海更好为全国改革发展大局服务。要把增设上海自由贸易试验区新片区、在上海证券交易所设立科创板并试点注册制、实施长江三角洲区域一体化发展国家战略这三项新的重大任务完成好，坚持推动高质量发展的要求，构筑新时代上海发展的战略优势。要按照国家统一规划、统一部署，全力服务"一带一路"建设、长江经济带发展等国家战略。要在推动长三角更高质量一体化发展中进一步发挥龙头带动作用，把长三角一体化发展的文章做好，使之成为我国发展强劲活跃的增长极。[1]

在此次视察上海的重要讲话中，习近平特别强调在新时代的历史语境中，上海在长三角更高质量一体化发展的进程中应当扮演的重要角色，希望上海能够发挥好对长三角其他省市的龙头带动作用，为促进长三角区域在不久的将来迎来新一轮强劲发展势头而发挥自己的重要作用。

二、毗邻党建

毗邻党建是在新时代语境下上海引领推动跨区域间党的政治、

---

[1] 参见新华网 http://www.xinhuanet.com/politics/2018-11/07/c_1123679389.htm，2018 年 11 月 7 日。

组织和思想建设的重要尝试，是突破行政区划局限和行政体制限制，充分发挥党统筹协调和领导各方的新创举，是相邻区域整合各类资源、推动一体发展的重要尝试。在毗邻市、区、镇和村等层面，通过发挥党的领导作用，推动文化培育、姻亲联动、生态维护、农业升级、工业转型和人才培养等方面的融合发展，降低跨行政区事务协商成本，推动一体化进程。毗邻党建现有的案例主要包括以下三个：

（一）南北山塘的毗邻党建实践

上海市金山区廊下镇山塘村和浙江省平湖市广陈镇山塘村仅一桥之隔，具有地域毗邻和要素毗邻优势，经济和文化等领域的交流十分密切。2016 年，上海市金山区在已有跨省毗邻区域协同治理基础上，首次正式提出"毗邻党建"概念。通过党建引领和党建联建，发挥党组织的纽带作用，推动社会治理，以此打破区域壁垒，突破行政区划。在全面实施乡村振兴战略和推进长三角一体化发展背景下，南北山塘村充分发挥党组织、党员以及群众的合力作用，实现区域跨界治理和协同发展。在最初探索阶段，成立南北山塘联合支部。随着长三角一体化的深入推进，2017 年 6 月，"中共沪浙山塘联合支部委员会"在桥头堡正式成立。联合支部由南北山塘村20 名骨干党员组成，两个村的党总支书记兼任轮值书记，每季度轮值一次。在活动频率上，每月举行一次工作会议，每个季度举行一次主题党日活动。在活动组织上，以"一桥两山塘，党建一家亲"为内容，南北山塘村构建"党建＋产业""党建＋文化"和

"党建＋环境"三大党建抓手，创建"红色加油站、红色星期天、红色朋友圈、红色产业带"党建品牌，成立以党员骨干为主的发展先锋队、文化骨干为主的宣传队和青年为主的服务民生勤务队，建立两村班子成员及条线干部的微信工作群，推动村党总支部和村两委成员相互挂职，共同探究建立两地重难点问题处置机制。①

在具体实践方面，2017年以来，联合党支部围绕集体学习、相互走访、产业对接和志愿服务等内容，举办"沪浙山塘"喜庆十九大主题党日、"沪浙山塘"谋振兴主题党日和庆中秋庆元宵文艺演出等活动。2018年3月，联合党支部与上海市城市规划设计研究院第一党支部结对共建，成立区域协同·乡村振兴实验室，促进两地资源高效利用。围绕景区建设发展要求，组织南北山塘村党员志愿者开展志愿服务，推进南北山塘规划、建设、管理和服务工作，为共同打造"水墨山塘""古镇山塘""乐游山塘""产业山塘""和谐山塘"发挥党员先锋模范作用。借助红色先锋站、党建服务站、毗邻党建广场、铗子书馆和百姓舞台等平台，开展情境党课教学。此外，实施错位发展，减少恶性竞争。南山塘建立茶馆，北山塘建立咖啡屋，南山塘建立室外广场，北山塘建立室内广场，两地积极组织动员辖区内的农场主参加"农场主沙龙"主题交流活动，分享产业发展相关经验。通过打造上海郊野公园的核心区和沪浙毗邻党建的样板区，推动两地共同发展，产生示范效应，推动更多地区和更

---

① 参见李焱：《长三角区域党建一体化的创新实践、现实困境及优化路径》，《上海党史与党建》2021年第1期。

高层次的协同发展。

（二）金山、嘉善、平湖部分地区的毗邻党建实践

金山和嘉兴两地毗邻而居，从历史上看，金山区枫泾镇与嘉兴市嘉善县在春秋战国时期是吴越两国交壤之境的"吴根越角"，而金山区廊下镇和平湖市广陈镇一衣带水、相互依存，5个村边界相邻，是环杭州湾吴越文脉传承地，这些地区跨省姻亲、文化走亲和经济交流传统悠久。从区位发展定位看，嘉兴是浙江"全面接轨上海示范区"，是上海中高端产业的协作地和上海安全农产品的重要来源地。两个区域虽存在行政级别差距，但基于历史传统、区位优势和现实发展要求，在相关政策推动下，两地逐步推进一体化协同发展。2009年，廊下镇与广陈镇联合开展"沪浙两地齐动手，清洁家园迎世博"环境整治行动。2010年，两地开展"世博会"边界平安联防工作。2013年，两地开展平安水系联防行动。2016年3月，金山区与嘉兴市嘉善县签订"沪浙毗邻地区一体化发展示范区"共建协议，确立了产业经济、交通网络、旅游资源、生态环境和社会治理"五个一体化"发展主题。2017年5月，金山区与嘉兴市正式签订区域联动发展全面战略合作框架协议，在基层党建、产业发展和基础设施建设等领域推进合作。2018年4月，金山区廊下镇与平湖市广陈镇联合举办乡村马拉松赛。在区域产业合作领域，基于区域发展优势，廊下镇以现代农业园区建设为目标，打造"百里果园、百里菜园和百里花园"。平湖农业经济开发区打造金平湖区域品牌的新型农业总部、技术研发中心、核心生产基地和对外展示窗

口。廊下镇开发"国之杰"颐养旅居项目，广陈镇开发"春风江南"小镇项目，为打造乡村休闲旅游之地相互提供支持。同时，平湖兴旺村与金山蔷薇村建立产业联合党支部，探索试行产业党员顾问机制。

2018 年 4 月，习近平作出重要指示，要求上海进一步发挥龙头带动作用，苏浙皖各扬所长，使长三角地区实现更高质量一体化发展。2018 年 5 月，上海市委书记李强调研金山时提出"两区一堡"发展战略，明确金山成为长三角高质量一体化发展的桥头堡的区位目标。通过党建先行，架起沟通桥梁，发挥好党组织纽带作用。通过党组织的政治优势、组织优势和人才优势，深化拓展区域化党建范围，以党建联建带动项目合作，在市镇村三级和"两新组织"开展结对共建，解决不同行政区域间的协调难题，示范带动长三角区域一体化发展。

（三）构建毗邻党建一带一廊

在毗邻地区已有零散实践的基础上，2018 年 1 月，上海、浙江、江苏和安徽三省一市联合组建的长三角区域合作办公室在上海挂牌成立。2018 年，沪浙山塘四方调解机制确立，推动解决跨省劳动纠纷和房屋买卖纠纷等难题。在总体设计上，金山区与嘉兴平湖市和嘉善县签署毗邻党建引领区域联动发展合作框架协议。2018 年底，上海市金山区委组织部与嘉兴市委组织部联合签发《关于深化毗邻党建推动长三角更高质量一体化发展工作的意见（试行）》，围绕基层党建、产业发展和民生服务等领域推动一体化发展，形成了毗邻党建引领区域联动发展的新机制。基于《关于深化毗邻党建助力长三角更高质量一体化发展工作的意见》要求，金山和嘉兴完善构建党政领导互访和职能部门交流的联席会议制度，以重点问题为导向，借助党建引领，推动政治、经济、社会、文化和生态文明等领域协同建设。同时，相关职能部门组成专门工作小组，新埭镇与枫泾镇、新仓镇与吕巷镇、独山港镇与金山卫镇、广陈镇与廊下镇等相关毗邻区以"一带一廊"为引领，以"六联"为工作机制，共同建设一条毗邻党建示范带，打造一条跨界绿色生态走廊，形成"1＋6＋4"合作框架。

按照合作框架，"一带"是毗邻党建七彩示范带，以红、橙、黄、绿、青、蓝和紫七种颜色为象征，推动不同领域示范建设。红色代表历史传承。按照"党建＋红色"思路，重点围绕独山港镇和金山卫镇两地红色教育资源，结合各抗战遗址，开发地方党史教育资源，联合打造"红色记忆"线路，形成可供联合使用的党员党性教育示范线路。橙色代表经济生机。在"党建＋发展"思路下，推进区域"党建联合体"建设，重点打造张江长三角科技城，开辟国际游购特色小镇和星星创客空间等。黄色代表农业创收。在"党建＋惠农"方面，打造果蔬专业合作社在内的农业产业园区示范点，推动平湖新埭、广陈和新仓组成现代农业经济开发区，与金山现代农业园区对接，探索建立农产品产销对接机制和农业科技合作机制，实现"支部连接产业、党员先锋引领、合作推进共赢"。绿色代表生机发展。在"党建＋人才"方面，重点围绕浙沪新材料孵化园和产业园，依托独山港经济开发区创新发展平台，通过打造智创园和研发中心，积极搭建新材料人才初创孵化和加速平台，吸引高层次人才，带动浙沪新材料产业园发展。青色代表规划共融。以"党建＋生态"为理念，加强南北山塘生态旅游建设，重点打造龙萌村和汉富蓝城"春风江南"项目。广陈镇山塘村与金山区廊下镇山塘村在村庄布局规划、村落风貌提升、田园风光打造和特色产业发展等方面加强合作，联合打造山塘古镇，探索旅游资源共同开发的新模式。

此外，建设"广陈—廊下"跨省市马拉松赛道，联合打造跨省市马拉松特色小镇。蓝色代表平安和谐。在"党建＋治理"理念下，以吕巷夹漏村和新埭兴旺村等为示范点，发挥好党建服务站、党员先锋站、红管家和平安书记的作用，搭建平安建设信息共享平台，推动村民小组自治管理，推动社会治理创新。紫色代表人文底蕴。以"党建＋文化"为思路，扩展枫泾古镇、南北山塘村和新埭鱼圻塘村等地文化资源，推动这些地区历史文化和民俗文化的有机融合。"六联"是指围绕经济、民生、平安、生态、文化和人才六个方面，推动形成党建联心、文化联姻、发展联动、民生联建、平安联防和人才联育机制。"四区"为四个毗邻地区，重点围绕枫泾镇、金山卫镇、廊下镇和吕巷镇毗邻地区，在基层党建、产业发展、基础设施建设、旅游开发和社会治理等方面深化合作。同时，依托区域化党建平台，将平湖市、嘉善县有关街镇纳入区域化党建联席会议分会，扩大党建示范带的辐射功能。

具体实践方面，市区级、镇乡级和村社级发挥各层级作用，党建引领发展。在区（市）级层面，打造毗邻党建"七彩示范带"，涉及党建、惠农、生态、人才和文化等领域合作。金山区和嘉兴市联合上海张江，在上海西南部枫泾镇与浙江东北部平湖市交界处，建设全国首个跨省市合作科技园区——"张江长三角科技城"，两地政府利用各自优势，打破传统地方行政区划格局，统一规划、建设、管理和运营。镇乡级层面，建立相应工作机制，党委书记作为第一责任人，相关职能部门以及毗邻地区镇党委党组织展开多层次合作，在毗邻地区乡镇探索乡镇副书记相互挂职模式，协同推进毗邻地区共建事务，具体如下：

第一，借助"文化走亲"方式，金山区廊下镇莲湘和嘉兴市平湖派琵琶等非遗项目在毗邻区域传承交流，金山公益基地与嘉兴市"96345"党员志愿者总站进行项目对接，毗邻地区不断提升文化交流和情感融合。

第二，两地农业产业合作进一步深入，五个农业特色明显乡镇共同打造"田园五镇"长三角现代农业园区。金山区指导平湖市做好桃子和葡萄等农业产业的转型提升发展，平湖市将芦笋的种植经验带到金山。同时，平湖新仓镇与金山吕巷镇共同打造毗邻党建引领农业发展示范点，延伸拓展新仓经验，打造浙沪农业合作经营平台和构建农旅全产业链构架，分区域推进精品种植和农旅体验等农业产业发展，健全农产品产业配套设施。通过举办"丰收廊下·与'农'相约"首届中国农民丰收节庆祝活动和各类农业产业路演活动，实现农业项目对接，加强产业配套和技术革新等方面的合作，提升双方农业产业综合水平。

第三，文化科创领域，利用沪浙科创资源优势，打造长三角路演中心、星星联合众创园和创新创业服务平台。

最后，在生态绿色方面，健全毗邻地区环境保护和治水护水多方联动机制，建立交界河湖一体化协同治理机制。完善信息资源数据共享库，以河段为单位，重新划定管辖区域，开展河长共巡河主题活动，加强区域生态环境联防联治。在村居级合作层面，两地基层党组织书记和党务干部完善培训交流制度，探索"双委员制"，两地村居党组织班子成员交叉任职，村居干部挂职锻炼。同时，签订实事项目合作协议，确定项目联络员，提升基层治理能力。如平湖柳河村和金山下坊村将边界垃圾场整治作为两地合作破难项目，组建破难小组，将昔日垃圾场改造成了党建公园。不同层级部门通过毗邻党建平台，逐步打破行政级别不对等束缚，推动各区域和各层级联动发展。

通过党建引领，推动为民服务互联互通。在医疗合作方面，推进跨区域"点对点"实时联网结算。平湖市民卡已实现与金山医院等医疗机构"点对点"实时联网结算。在教育领域，推动区域教育均衡发展和特色发展，多所中小幼学校签订校际合作协议，举办长三角地区未成年人思想道德建设与新时代城乡一体化学校少年宫发展论坛。在平安建设领域，健全边界平安建设机制，推动省际边界联合平安建设跨界合作，确保边界区域平安有序。在道路交通领域，推进"断头路"重难点工程建设，开辟省际毗邻公交线路和城际公交快线，建成多条沪浙对接道路，沪浙公交互相延伸，跨省公交线路直达南北山塘，跨省行政区公交卡互联互通。在文化交流方面，开展"孝善代代传·共筑新家园"沪浙两地共庆元宵联谊会和廊下·广陈结对共建中秋联谊等活动，加强廊下土布品制作工艺、广陈铍子和绒绣画等传统文化技艺的交流学习，通过毗邻党建，推动服务民生领域建设。

党建引领，进一步拓展在农村党建、"两新"党建、合作社党建、阵地建设和党群服务等领域合作交流，推动既定项目落地。各群团组织、合作组织先后签订共建协议，建立沪浙山塘联合党支部、沪浙山塘活动型妇联和沪浙山塘平安边界工作站等跨省市组织，逐步形成"山塘故事""山塘风韵"和"山塘印象"等特色项目。围绕乡村振兴和惠农项目，进行乡村振兴相关主题中心组联组学习，建设形成毗邻党建广场和联合党支部桥头堡，打造毗邻党建品牌。2019 年，金山枫泾、嘉善经济技术开发区惠民街道、嘉善姚庄和平湖新埭以"筑党建联建新机制、塑跨界治理新格局"为主题，召开毗邻党建研讨会，制定《毗邻党建共识》，打造毗邻一体化"党建综合体"。在党委建设与产业融合方面，大云镇成立全国首家跨省旅居产业集群活动型党委，合力打造乡村振兴联盟·旅居产业集群，同步延伸党组织和产业链，开展组织活动与经济活动。通过建立区域协同"领雁工程"实验室，开辟党建联盟学习线路，打造示范党建带、健康生态带和活力产业带。在党建引领人才培育方面，依托青年干部实训基地等平台，集聚乡村振兴人才资源，探索干部联动培养模式，重点加强党政人才、科技人才和专业技术人才的交流互动。为更好推动党员联合教育，2019 年 12 月以来，打造沪浙毗邻党建展示馆、开辟"四史"有声小屋及一大党史学习阵地，丰富党员学习资源。同时，上海金山区、青浦区和江苏省吴江区、浙江省嘉善县共同发布长三角一体化初心教育线路，通过沉浸式的实景教学，更好推动毗邻地区相关成员传承红色基因。通过框架体系构建和系列毗邻党建建设工作，长三角相关地区市、镇和村进行跨区域联动，推动事务共商、工作共推和责任共担，打造了一系列重点平台，为解决跨区域和跨层级联动打开了全新局面。

地域和行政壁垒是长三角一体化发展的主要问题。借助毗邻党建，发挥党建引领作用，打破地区间行政壁垒。通过党建平台，上海更好地发挥示范作用，带动长三角区域联动发展，为红色长三角建设提供了新思路。毗邻党建助推红色长三角建设的意义具体如下：

第一，毗邻党建有利于开辟新时代长三角区域一体化党建新形态。在现实党政系统推动地方发展方面，更多采取党宏观领导和政府推进落实事务性工作的方式，一些地方党政系统在共同推动地方发展方面的联动能力不足。通过毗邻党建平台，市（区、县）党委层面签订相关框架协议，召开联席会议，统筹联动发展，确定重点项目，乡镇层面党委进一步落实相关框架内容，建立跨区域多边合作机制，基于党领导原则，创新适用于新时代社会发展的党建形态。上海率先示范，辐射联动发展，拓展区域化党建思路，适应新时代党建要求。毗邻党建融合方式不仅是地理空间意义上的毗邻融合，而且是多地区、多领域、多部分和多要素的纵深毗邻融合。通过在不属于同一行政隶属关系的毗邻地区的党建引领，逐步破解跨省市和跨领域难题，突破区域和行政壁垒，促进单边独战向融合发展转变，推进跨行政区域共建共享，构建起党建引领、政府主导、社会协同和公众参与的新机制，凝聚起各级党组织、党员以及群众，合力推动一体化党建。

第二，毗邻党建为长三角一体化发展提供了组织平台。通过毗邻党建，为长三角一体化发展提供了平台。一般性党组织活动多以理论学习为主，在推动地方事务工作方面缺乏一定的跨区域合作平台。通过党建引领，提供跨区域实务实事合作平台，构建跨行政联合党组织，推动党建活动共联、基层组织共建和干部人才共育，充分发挥党组织的整合优势，通过精准对接，协调推进项目党建，推动党的建设与经济社会发展相得益彰，围绕区域发展要求，搭架协同发展平台，促进资源要素跨区域流动，激活发展要素，深化各领域项目合作，实现纵深融合，推动毗邻地区事务协商合作，使党建成为服务长三角更高质量一体化发展的"红色引擎"，推动新时代区域联动发展。

第三，毗邻党建有利于推动长三角基层联动治理。当前，长三角基层联动发展能力不足，且由于基层行政级别限制，难以有效开展高层次跨区域合作。借助毗邻党建方式，毗邻地区基于人民群众美好生活需要和地区发展要求，引领区域跨界协同治理。借助党建引领作用，示范带动基层项目对接，确定基层结对共建项目清单，发挥基层各部门积极性。通过网状延伸，进一步形成多组织链、活动链和服务链，推动基层党建示范带和农旅产业带建设，发挥当地基层党组织引导建设功能，提升基层党建承载力和影响力，通过基层毗邻区域党组织深度合作，提升服务群众和推动地方发展的能力。

除了以上党建共建的典型案例之外，以下实践形式同样值得关注：

第一，以嘉定、温州、昆山和太仓为代表的长三角区域城市基层党群共建联席会议。通过党建共建，推动长三角一体化规划对接、战略协同和专题合作，将党的政治优势转化为推动区域深层次发展的优势。

第二，环淀山湖战略协同区党建共建。2018 年 8 月，环淀山湖战略协同区联席会议在上海市青浦区举行。青浦区、嘉善县、昆山市和吴江区四地共同签订了专项合作协议，推动区域化党建、水域保洁一体化和气象部门战略协同发展等。

第三，长三角城市"两新组织"——新经济组织和新社会组织基层党建合作共建。长三角地区开放程度较高、"两新组织"活跃。2018 年 9 月，长三角城市"两新组织"基层党建合作共建协议在江苏昆山签署，通过党建引领，推动跨省联动发展，优化资源配置，深化长三角产业发展和社会治理等领域合作，助推区域经济社会高质量发展。

第四，G60 科创走廊党建共建。2018 年 10 月，中共上海市松江区委、中共浙江省嘉兴市委、中共浙江省杭州市委、中共浙江省金华市委、中共浙江省湖州市委、中共江苏省苏州市委、中共安徽省合肥市委、中共安徽省宣城市委和中共安徽省芜湖市委组织部门共同审议通过《G60 科创走廊党建共建框架协议》。根据协议，九城市将充分发挥各方党建工作优势，大力推进党建引领 G60 科创走廊建设，通过发挥党建引领作用，充分整合社会科创资源，进行以

"双服双创"为核心内容的党建创新，通过发挥党的政治优势，"在党建创新与科技创新双融合中凸显基层党组织的政治功能"①。

第三节 上海发挥引领作用，推进党建一体化，建设红色长三角的重大举措

党建引领长三角一体化发展，首先体现为把握方向。实现长三角更高质量一体化发展，一定要打破各种行政区隔和政策差异，努力增强区域各级党委统揽全局的能力，切实提高区域基层党组织的社会治理能力，有效推动整体战略部署、协同发展，要不断推进党在治国理政中的体制机制创新，使长三角更好地以更高的视角进行更优的整体布局，整合资源、整合力量，有效提高区域发展质量。推动长三角更高质量一体化发展，基层社会的治理是基础，特别是省际交界区，会成为治理的盲点和弱点，而社会治理的各个方面，如政治、经济、文化、社会、生态，又都具有整体性。基层党建能够有效地融合各种组织力量，加快区域治理的平衡和有效发展。2018年底，上海市委发布了《关于以组织体系建设为重点推进新时代基层党建高质量创新发展的意见》，其中提出，在长三角更高质量一体化发展中充分发挥党组织作用，发挥上海龙头带动的作用，

---

① 李鸿渊：《构建引领长三角 G60 科创走廊的链式党建新机制》，《东华大学学报》（社会科学版）2020 年第 1 期。

进一步探索实践以党建联建引领跨省联动发展，搭建区域党组织联动合作平台，更好地服务和保障国家战略。当前，长三角更高质量一体化发展不断推进，党的建设也在创新，并推动着长三角"发展机制、动力和效率发生深刻变革"①。这一党建方式，既包含了党的建设，也包含了社会治理，既推动着地域协同，也推动着各领域融合。基于当前发展难题，我们必须要对症下药，在上海发挥引领作用下，采取诸多有效措施，推进党建一体化，以建设新时代红色长三角。

上海在长三角高质量一体化发展中发挥引领作用具有一定的优势。众所周知，1843 年 11 月 17 日，根据《南京条约》和《五口通商章程》的规定，上海正式开埠，此后中国和国外的主要商贸业务逐渐从广州转移到上海。古往今来，上海占据着有利的地理位置，水路、陆路交通方便，对外交流有着天然的优势。值得一提的是，在中国的近现代史上，上海曾经出现过特殊的"租界"统治时期，与同一时期中国社会的其他地方相比，上海的租界出现得最早，持续的时间最久，横跨的面积最大。有学者指出："海纳百川、有容乃大的包容精神是伴随着上海从海边渔村发展为国际大都市的内在动力和要素，既是它发展的必要前提，也是它发展中受惠的部分。1843 年上海因五口通商而开埠，1853 年后因战乱不断，江浙商人陆续移师上海，此后到 1930 年代，租界文化让上海成为国际最时尚产品的试验场，如伴随着 19 层百老汇大厦等现代娱乐消费建筑

---

① 程必定：《长三角更高质量一体化发展新论》，《学术界》2019 年第 11 期。

而出现的好莱坞电影、收音机传播、新感觉派小说一时风靡。"①上海对于外国人的友好与宽容最为典型的表现就是在第二次世界大战期间，接纳了3万多来避难的犹太人，上海成为庇护这些被战争所迫害的人们的"一方净土"。而在20世纪70年代末期开始的席卷中国大地的改革开放浪潮中，特别是浦东开发开放后上海跑在时代的前列，成为长三角地区，乃至全中国的"弄潮儿"。正是由于这些原因，上海对外交流的频率、对外开放的心态、兼容并蓄的意识明显高于中国其他很多城市。中国特色社会主义跨入新时代以来，上海更是新老优势结合，在把握时代契机，进一步深化改革、扩大开放方面发挥了"领跑"作用。

2020年11月，习近平亲临上海，参加浦东开发开放30周年庆祝活动，并发表重要讲话。他在讲话中回顾了"中国改革开放的总设计师"邓小平当年对开发开放浦东所作出的重要指示精神，并指出："党的十四大强调，以上海浦东开发开放为龙头，进一步开放长江沿岸城市，尽快把上海建成国际经济、金融、贸易中心之一，带动长江三角洲和整个长江流域地区经济的新飞跃……浦东要努力成为国内大循环的中心节点和国内国际双循环的战略链接，在长三角一体化发展中更好发挥龙头辐射作用。"②在这次讲话中，习近平在回顾浦东开发开放30年历程的基础上，再次强调了上海在整个

---

① 东方青年学社编：《上海品格：城市价值取向读本》，上海人民出版社2012年版，第60—61页。

② 参见新华网 http://www.xinhuanet.com/2020-11/12/c_1126732554.htm，2020年11月12日。

长三角一体化发展过程中的重要地位与功能。

毫无疑问，无论是曾经还是当下，上海在发挥带头示范作用，引领长三角其余省市共同提升区域高质量一体化发展水平方面责无旁贷，这不仅是相关历史的延续，也是当下现实发展的迫切需要。

一、多渠道、全方位、广角度贯彻落实习近平新时代中国特色社会主义思想

习近平新时代中国特色社会主义思想是新形势下推进长三角更高质量一体化发展的指导思想，要使它在长三角区域深入人心，发挥思想对实践的引领作用。具体措施包括两大方面：一是发挥传统教育主渠道、主阵地在传播正能量方面的积极效用，在掌握好意识形态话语权的基础上，开展深入学习、贯彻落实习近平新时代中国特色社会主义思想的活动，尤其要深入解读、深刻领悟习近平对长三角区域合作的一系列重要指示精神；二是结合当今时代高新技术发展迅猛的优势，充分利用新媒体的特点，通过传统教育与网络媒介传播相结合，更好地学习、贯彻落实习近平新时代中国特色社会主义思想，尤其是习近平关于长三角区域一体化的一系列重要指示。此外，上海尤其要认真学习、贯彻及落实习近平总书记关于上海发挥引领作用，引领长三角其他三省共同发展的重要指示。

二、党建组织协调各方，提升区域整体发展能力

一直以来，长三角更高质量一体化发展受到了三省一市行政区划造成的制约。不同行政隶属区在进行合作时可能基于本地区利益而选择性顺应一体化建设，致使区域一体化建设难以推进。通过跨区域党建联动，能超越单一地区的局部利益固化偏见，打破地区间行政壁垒，推动地区间联动发展。在发挥党建联动引导的过程中，要注重协调处理好党政关系。明确如果仅仅依靠行政力量的推动，就会失去方向，如果仅仅依靠党建平台，措施贯彻落实将会缺乏力量。因此，在具体贯彻落实中，需要围绕"长三角一体化区域党建"①思路，通过党建引领，推动打破行政壁垒，发挥党组织的政治优势和组织优势，以党建为突破口，加强党的集中统一领导，加强党对长三角一体化工作的全面领导，发挥好党总揽全局、协调各方的领导核心作用和思想领导、政治领导和组织领导功能，带动各部门广泛参与。各级党组织拔高站位，统一思想，按照长三角一体化长远战略，引导各级党委取得共识，确立各级党委和政府职责，增强党委总揽地方全局的能力，发挥党组织在长三角一体化发展中的战斗堡垒作用和统筹地方发展的作用。同时，调动各级党员助推长三角一体化发展的积极性、主动性和创造性，将党的领导贯穿长三角一体化发展全过程，为跨区域党建联动和跨界沟通提供组织支

---

① 丁晓强：《党建推动长三角一体化发展的实践与思考》，《上海党史与党建》2020 年第 1 期。

撑和平台支持，推动地区联动发展。

此外，实现长三角一体化发展，基层社会治理是重点。以习近平对长三角区域合作的一系列重要指示精神为指导，引导长三角区域基层党组织形成区域一体化发展意识，通过加强党的基层组织建设，切实提高区域基层党组织的社会治理能力。在省际交界区，推动党委和各级基层党组织共建共促，通过基层党建共建，有效融合各种组织力量，加快区域协同治理与发展。

三、上海发挥龙头作用，苏浙皖各行其长

在长三角区域一体化党建构建中，需要切实发挥好上海的龙头辐射作用。上海市需要继续带头深入学习和贯彻落实习近平对长三角一体化发展的重要指示精神，将这些重要指示作为推动长三角更高质量一体化发展的基本要求，通过多维措施，加强与长三角相邻省份的党建协同工作。具体如下：

第一，海纳百川，以更为包容的态度和更为主动的姿态与长三角其他地区加强合作。上海市需要破除单边作战的思想束缚，充分利用上海党建的先进经验和一体化党建成果，加强与长三角其他地区的党建经验交流、一体化党建框架协定、部门组织联合和人才互育。借助组织力量和媒介力量，积极宣传与推广上海市区域党建系列举措，尤其是金山区开创的毗邻党建模式。同时，鼓励上海其他地区甚至长三角其他地区充分借鉴上海区域化党建先进理念和可推行举措，结合自身地理区位优势和历史交流传统，加强与相关地区

的一体化党建共建。

第二，与时俱进，结合现代技术保护好、传承好红色文化，发挥表率作用。上海是中国共产党的诞生地，中共一大、二大和四大等重要会议在此召开，诸多红色遗迹留存于此。同时，上海作为全国金融中心，充满现代气息，国际化程度高，古今中外元素汇集于此。在此情况下，需要正确处理好红色传统与现代、红色文化与海派文化、红色文化与外来文化、红色遗迹与现代建筑等诸多复杂关系。在面向世界和加强对外交流的过程中，坚守红色传统，立足中国大地，肩负服务于社会主义现代化建设的使命。同时，积极利用好现代技术和现代元素，结合当代审美需要和人民群众的多元美好生活需要，助推红色文化的传承与发展，在继承中创新，形成系列传承经验与技术，直面继承中遇到的挑战，并通过与长三角其他地区的交流合作，推动上海红色文化传承与发展迈向新台阶。通过理念共享、技术支持，带动长三角其他地区处理好当地红色文化传承与其他领域建设之间的关系，推动长三角整体红色文化继承。

第三，充分发挥好上海各类组织和各方力量在推动长三角红色文化传承与一体化建设方面的积极作用。充分发挥长三角地区事业单位党组织的作用，加强长三角国有企业和民营企业党组织建设，推动地方事业单位党组织与企业党组织共建。以 G60 科创走廊建设为契机，推动党建、行政组织、企业和技术等要素协同整合，服务地方发展。同时，积极创造条件，为新经济组织和新社会组织创建良好的环境，充分发挥党建组织在协调"两新组织"方面的引导作用，带动长三角周边地区"两新组织"建设，通过发挥"两新组织"在产业融合、基础设施建设、文化教育、生态保护和人才培育等方面的作用，强化党建协同创新，推动"两新组织"助推长三角一体化发展。①

第四，由中共上海市委组织部牵头成立长三角一体化区域党建协同发展中心，在三省一市党委的领导下协调长三角区域化党建。通过这一平台，明确上海市、江苏省、浙江省和安徽省在推进长三角一体化发展中的职责，协同制定各阶段推进方案。

要充分挖掘长三角各地的红色资源，建立红色长三角资源库。长三角三省一市具有悠久的红色革命文化传统，至今仍保留着众多红色革命遗迹。如前所述，上海曾召开中共一大和中共二大等重要会议，红色血脉早已融入上海。浙江也是见证中国共产党成立的重要地点，其形成的"红船精神"成为我们党红色文化的重要构成部分。2005 年 6 月 21 日，时任浙江省委书记的习近平在《光明日报》发表署名文章《弘扬"红船精神"，走在时代前列》，在此文章中，他首次正式提出了"红船精神"的概念，并对"红船精神"的内涵进行了系统概括："开天辟地、敢为人先的首创精神，坚定理想、百折不挠的奋斗精神，立党为公、忠诚为民的奉献精神。"②"红船精神"是随着中国共产党的诞生而形成的伟大革命精神。自其诞生以来，随着中国共产党领导中国人民为了国家独立、中华民族伟大复兴和共产主义理想信念的实现进行奋斗的过程，而不断经受历史

---

① 参见李焱：《长三角区域党建一体化的创新实践、现实困境及优化路径》，《上海党史与党建》2021 年第 1 期。

② 习近平：《弘扬"红船精神" 走在时代前列》，《光明日报》2005 年 6 月 21 日。

的考验，并随着实践的发展而不断丰富，其逻辑出发点和历史归宿是全心全意为人民服务，实现最广大人民群众的根本利益。

虽然长三角区域红色资源丰富，但是目前三省一市各地区革命文化仍未完成系统梳理工作，长三角区域整体红色文化整合工作亟待解决。在构建红色长三角的背景下，需要提升区域红色长三角构建意识，整合好长三角红色资源，协同保护好区域红色革命文化遗迹。基于长三角一体化发展规划，结合各地实际情况，协同整合长三角红色文化要素，整体设计长三角红色考察与旅游线路。此外，在新时代推动长三角更高质量一体化发展过程中，继承好革命文化，凝聚起发展力量。引导年轻一代了解长三角革命文化，学习一代代仁人志士不怕吃苦和敢于直面挑战的精神，提升年轻一代服务国家和地方发展的能力。

四、统筹资源要素，调动各方力量

对长三角一体化区域组织资源、人力资源和要素资源进行整合。在资源整合方面，充分研究毗邻党建、科创走廊党建、"两新"党建等已有的一体化党建方式，对长三角现有实践进行经验总结，找准合作"契合点"，同心同向谋发展。在人力资源组织方面，整合长三角地区培训资源，展开长三角一体化区域党员干部培训，强化党员干部的一体化意识，提升其服务长三角一体化发展的业务能力。例如，可以委托中国浦东干部学院等单位承担此项任务，整合优秀师资，提升党员干部专业素质，不断探索三省一市联合创新党员教育新路径。同时，依托长三角各地丰富的红色教育资源，探索共访红色印迹和共开红色课堂等党员教育路径，守护革命传统，传承历史文脉，共同弘扬红色文化品牌。

在智库资源建设方面，以党建一体化和红色长三角建设为主题，充分发挥科研院所力量，组织相关专家开展学术研讨和研究活动。当前，中国浦东干部学院和华东师范大学等院校主动参与了推动长三角区域党建一体化发展的理论研究与实践活动，已取得系列研究成果，部分成果已提交相关部门进行落地转化。对此，相关部门可设立专项委托课题，借助专家联络方式，继续强化智库建设，服务长三角区域党建一体化发展。基层力量整合方面，调整思路，充分利用长三角一体化发展战略，借助长三角区域党建一体化发展平台，推动乡村振兴。充分利用好长三角三省一市的梯度发展差异，区域党委协同搭建平台，相关行政部门明确具体事项并推进落实，通过引导城市分散相关功能，以城带乡，将城市"高度加集聚的功能优势、资源优势、产业优势、人才优势"[①]辐射扩散到长三角同一行政区的农村地区和隶属不同行政区的邻近农村地区，推动这些地区切实获得一体化发展带来的优质资源，缩小长三角城乡差距，推动长三角城乡一体化协同发展。

五、以长远眼光制定区域党建一体化发展规划

推动长三角区域党建工作一体化发展并不是一蹴而就、一劳永

---

① 王振：《长三角协同发展战略研究》，上海社会科学院出版社 2018 年版，第 2 页。

逸的，而应坚持不懈、久久为功，以长远目光来明确区域党建协同发展的远景规划，可以使生活在长三角区域的人们更好地理解所在区域的发展定位，通过以党建一体化为突破口，不断将区域一体化发展往纵深推进。具体措施：理清长三角区域党建一体化发展当下目标、中期目标及长期目标之间的逻辑关系；以更加长远的视线、更加广阔的视野来看待长三角区域党建一体化发展的问题，使长三角区域党建一体化发展的远景规划更加明晰、更加符合实际发展的趋势等。

六、全力提升基层党建工作质量及党员综合素质

长三角聚集着大量的企业，包括国有企业、民营企业等，这些企业都设有基层党组织，再加上众多事业单位设有的基层党组织，形成了一股强大的合力，在基层人民群众中发挥着战斗堡垒作用。我们要充分利用基层党组织的先进性、科学性、有效性及组织力，通过不断提升基层党建工作质量，起到凝心聚力、答疑解惑的作用，并在此过程中不断提升党员个体综合素质。具体措施包括：有效发挥基层党组织的功能，包括城市基层党组织与农村基层党组织，以此为依托，积极开展各层级的习近平新时代中国特色社会主义思想宣讲活动，使长三角一体化发展上升至国家战略这一政策为广大群众所了解，引导大家形成强烈的区域一体化发展意识，树立协同发展的美好愿景；加强三省一市基层党建工作的互动交流，就如何发挥基层党组织的力量及提升党员综合素质以推进长三角更高质量一体化发展进行研讨；加强已设立的长三角生态绿色一体化发

展示范区的基层党建工作，不断提升党员素质。

七、注重服务群众，推动成果转化

党建引领，构建红色长三角，不能流于形式，必须要在实效上下功夫。基于长三角区域一体化发展总体要求，以区域党建协同引领，推动社会各方面建设。结合长三角各区位、产业和项目特点，围绕区域党建推进中的难点问题，协调相关部门融合式、差异化和互补型发展，强化党建协同创新，因地制宜开展对接，通过合作实现共赢受益，寻求共享发展。在党建引领地方发展方面，通过"党建＋服务"方式引导社会组织参与基层治理，优化资源配置，深化基础设施、产业发展、社会治理和生态保护等领域的合作，逐步推进实务工作，实现党建工作和产业发展有机融合，推动社会治理和建设，推进区域成果转化。通过党建引领和红色长三角建设，提升群众获得感，使人民群众切实感受到区域联动发展和红色长三角构建带来的实惠。

总之，长三角一体化的国家战略，不仅仅是城乡关系，也不仅仅是文化需求，这是新时代着眼于进一步巩固小康社会的建设成果，全面开启建设社会主义现代化强国新征程的现实需要及推动经济社会全面发展的举措。在这一进程中，离不开中国共产党的坚强领导，也离不开基层党组织的工作创新。我们要以党建为引领，促进长三角更高质量一体化发展，更好地建设红色长三角。

第二章　上海发挥引领作用，促进经济一体化，建设活力长三角

众所周知，我国的改革开放始于 1978 年，那年 12 月召开的十一届三中全会在当代中国的发展史上具有里程碑式的重大意义，因为它揭开了改革开放的序幕，开启了我国由"站起来"到"富起来"的历史转变进程。自那时起，随着世界范围内全球化、网络化、信息化的速度越来越快，我国不断加快自我革新的步伐，将国门向世界其他国家敞开得越来越大，在与世界各国日益频繁的交往与合作中大大促进了我国社会生产力的发展。我国的改革不同于苏东地区原有社会主义国家发生"易帜"之后所采取的"休克式疗法"，而是以平稳的"渐进式"为特点，是社会主义体制、机制结合新的契机主动进行的一次又一次自我革新、自我完善。在坚持社会主义根本政治制度毫不动摇、社会主义方向决不偏离、社会主义属性没有改变、社会主义道路决不变更的前提下，我国在中国共产党的领导下，循序渐进、持之以恒地开展社会主义各项建设工作，在中国社会长达 40 多年的持续转型与逐步变革之中稳步前行，不断向世界舞台的中心靠拢。

可以这么说，没有改革开放，就没有今日中国各方面的繁荣、稳定局面，时至今日，我们加强自我改革的意识及扩大对外开放的想法比历史上任何时候都要强烈，这一趋势也体现在三届"进博会"在上海的顺利举办上。40多年持续的改革开放，使我国的经济以令人震惊的速度往前发展，有人就以"中国高铁"的速度非常形象地来描述我国经济的高速发展，这样的发展使我国社会的面貌发生了翻天覆地的崭新变化。当今很多西方左翼学者对新时代中国特色社会主义产生了浓厚的研究兴趣，包括关注中国的道路自信、理论自信、制度自信及文化自信，其重要的前提条件是惊讶于中国近年来经济的持续发展，即便是置身于全球范围内新冠肺炎疫情蔓延、世界经济增长大幅度减缓的时代背景下，我国的经济发展依然具有相当大的潜力与张力。与西方发达资本主义国家不同，我国的经济发展虽然起步慢，但是具有良好的后发优势，这很大程度上源于持续推进的社会主义经济体制改革。这一改革的目的是实现社会主义与市场经济的最佳结合。当然，这一结合不是走所谓的"第三条道路"，而是在社会主义的基本政治制度框架内探索市场机制的高效运用。

长三角区域三省一市的经济发展有目共睹，堪称我国改革开放以来经济快速发展的样板区域。长三角区域一体化发展上升为国家战略，这是新形势下上海、浙江、江苏及安徽面临的新发展机遇。以上海为例，上海是对全国经济增长贡献巨大的核心城市之一，浦东开发以来更是在经济发展领域取得了累累硕果，当下上海的陆家嘴所呈现出的现代景象可以与美国曼哈顿的繁华相比肩。从整体上来说，长三角区域国际化程度高，经济总量巨大，区域经济总量在全国占比高，且远高于其他区域，具有较强的世界级城市群发展趋势，区域产业结构以上海为龙头，向周围地区辐射，高科技人才和高学历人才聚集，区域治理具有一定的资金、技术和经验优势。长三角不同区域的产业发展具有梯度差异和衔接优势。党的十八大以来，长三角地区加快转变经济发展方式，引导高污染产业调整转型，要求企业清洁生产，倡导民众低碳绿色生活，取得了一系列相应的成效。

第一节　长三角区域的经济发展现状

习近平指出："我国经济由高速增长阶段转向高质量发展阶段，对区域协调发展提出了新的要求，不能简单要求各地区在经济发展上达到同一水平，而是要根据各地区的条件，走合理分工、优化发展的路子。要形成几个能够带动全国高质量发展的新动力源，特别是京津冀、长三角、珠三角三大地区，以及一些重要城市群。不平衡是普遍的，要在发展中促进相对平衡。"[①]由此可见，长三角区域一体化发展是当前我国在国家战略规划层面极为重视的三大区域协调发展中的一块内容。从我国的长远发展来看，长三角区域与京津冀、珠三角地区形成了我国区域协调发展"三足鼎立"的局面。作

---

① 《习近平谈治国理政》第 3 卷，外文出版社 2020 年版，第 271 页。

为我国东部的沿海发达城市群，长三角区域发展的重要性不言而喻。的确如此，从全国范围来看，长三角区域拥有得天独厚的地理条件，气候适宜，交通便利，人才济济，十分有利于经济的发展。基于新形势下长三角三省一市深度融合的现实需要，必须以区域经济一体化发展为重点，一方面汇聚四地经济发展之所长，促进区域经济高质量发展，另一方面在区域范围内相互借力补短板，不断探索区域经济发展新的增长点和增长极，并将科技创新作为经济发展的强大"引擎"，促进区域经济创新发展、协同发展、开放发展、可持续发展。在此过程中，上海要与其他三省协同并进，绘制好区域一体化发展的"同心圆"，并依据已有经济发展优势及科技创新实力，发挥好"领跑"作用，为早日形成经济更加发达的活力长三角推波助澜。

中央政治局委员、上海市委书记李强曾在浙江工作多年，并在江苏省工作过，曾担任过浙江省省长和江苏省省委书记等职，对浙江与江苏两省的情况非常熟悉。在担任上海市主要领导之后，他曾特地带领上海市党政代表团到安徽、江苏及浙江进行考察，在考察期间，他多次强调要加强四地合作，共同谋划，做好新形势下长三角地区更高质量一体化发展这篇"大文章"。随着长三角地区主要领导人峰会的定期举行，多个重大项目和合作事宜在三省一市间展开。由此可见，长三角一体化的各方面部署已经如期推进，相信在不久的将来，长三角一体化的进程也一定会越来越快。安徽、江苏、浙江、上海三省一市地域面积 35.9 万平方公里，常住人口 2.2 亿，分别占全国的 1/26 和 1/6，经济总量 19.5 万亿元，占全国的近 1/4。由此可见，该区域原本就具有雄厚的经济基础与良好的经济发展势头，再加上长三角一体化上升为国家战略，该区域已经成为我国经济新的增长极，随着长三角区域城市群未来很有可能上升为世界级的城市群这一大势所趋，其经济发展的前景不可估量。

以 2019 年 5 月在安徽芜湖召开的长三角领导座谈会为例，这是长三角一体化上升为国家战略后的首届地区主要领导会议，也是自长三角区域合作办公室成立以来的第二次高端会谈。根据规划，长三角城市群以上海为核心，南京、杭州、合肥、芜湖为副中心。今后苏浙皖沪将进一步加深合作，着力将长三角地区建设成为我国发展强劲活跃的增长极，成为全球资源配置的亚太门户，并成为具有全球竞争力的世界级城市群。2020 年 6 月，长三角地区主要领导座谈会在浙江湖州举行，三省一市主要领导人都出席了会议。会议深入学习贯彻习近平关于长三角一体化发展的重要论述精神，认真落实全国两会部署，以"战疫一盘棋、夺取双胜利"为主题，全面分析新形势下长三角一体化发展的新要求新使命，总结交流了过去一年以来三省一市实施长三角一体化发展规划纲要的工作成效，审定了长三角一体化发展 2020 年度工作计划和重点合作事项清单，着重就落实"六稳""六保"、深化应急协同、加强产业链供应链协同等进行了深入讨论，研究部署了当前和今后一段时期共同推进的重大事项。会议提出，自发生新冠肺炎疫情以来，长三角三省一市坚持全国一盘棋，发挥一体化合作机制作用，迅速筑起联防联控共同防线，搭起复工复产协同平台，为全国大局作出了应有贡献。新形势下推进长三角一体化发展，必须坚持以习近平新时代中国特色社会主义思想为指导，坚持新发展理念，紧扣"一体化"和"高质量"两个关键，坚持龙头带动、各扬所长，聚焦重点区域、重点领域、重大平台、重大项目，以一体化发展带动高质量发展，建设全国发展强劲活跃增长极，高水平参与国际合作与竞争，充分展示中国特色社会主义制度的优越性。[①]

长三角区域交通基础设施的网络化，为区域经济一体化发展提供了便利。当前长三角区域内部的高速公路、铁路以及航空等快速发展，资讯与物流等方面的共享网络不断完善。举例来说，2020年通车的沪苏通公铁大桥和沪苏通铁路，都进一步拉近了上海与江苏南通两地之间的距离。便捷、快速的交通网络使得各种生产要素流动频繁，经济交往日益密切，有助于形成区域经济相辅相成、协同发展的观念。特别是在长三角基础设施一体化的平台上，高铁的建成与运营形成了"一小时经济圈"，推动了城市间往来密切，城际效应显现，货物运送便捷。长三角地区人流、物流、资金流和信息流的快速流动，均有利于形成合作共赢、相互依赖、取长补短的区域一体化经济发展模式。此外，长三角三省一市各具特色的文化产业发展，不仅为区域文化融合提供了物质载体，也为区域GDP增长贡献了力量。在长三角区域内，依托较为完善和活跃的经济，以上海为龙头，以音乐产业、电子游戏业、影视产业、旅游业为主体，初步形成了一个流动的区域文化大市场。这些文化产业背后蕴

---

① 参见中国共产党新闻网 http://cpc.people.com.cn/n1/2020/0607/c117005-31737873.html，2020年6月7日。

含着该地区传统文化因子。伴随着文化产品的消费，文化融合也在潜移默化进行，大众的文化娱乐消费也大大助推了区域经济的发展。总体来说，由于人们的行为受一定观念、意识和心理状态的支配，文化产业正是通过影响人们的、价值观念和习俗传统进而作用于人们的行为，从而有效地推动了区域经济的不断发展。

习近平曾经在浙江工作过一段时间，其间他利用一年多时间跑遍了全省90个县市区，对浙江的情况有了全面而深入的了解。他还提出要立足浙江发展浙江，并形象地用"三老"经济来比喻，即：浙江经济是传下来的"老祖宗"经济；是逼出来的"老天爷"经济；是创出来的"老百姓"经济。同时又强调要跳出浙江发展浙江，借船出海、借梯登高，主动接轨上海，与江苏等邻近省市加强合作，优势互补，共同发展。这些举措的实施，不仅直接推动了浙江经济社会发展，而且促进了整个长三角一体化进程。①

习近平用"三老"来比喻浙江的经济，这一比喻非常形象。首先来看浙江的"老祖宗"经济，自古就有义利并举、农商并进的思想，在小农经济占据统治地位的时代背景下，不缺敢为人先的工商萌芽，将早期商业的发展与士子重义作为安身立命之术；其次来看浙江的"老天爷"经济，自然资源的局限没有限制浙江地区的发展，反而培养了浙江人的行商之道，在农业不能满足自我生存的情境下，借用商业流通货物满足世代生存所需，克服自然条件的先天不足；最后来看浙江的"老百姓"经济，由于浙江民众本身就具有

---

① 参见《习近平谈治国理政》，外文出版社2014年版，第435页。

强烈的经商欲望和摆脱小农经济自给自足的工商意识，在地域限制的约束下，努力加强与外界的商业流通。

2003年，在浙江省委工作会议上，时任浙江省委书记的习近平针对当时省内一些同志对于参与长三角的合作交流存在着"无需接轨"的狭隘观念、"无法接轨"的消极态度与"无从接轨"的畏难情绪，明确指出，要充分认识到主动接轨上海、参与长江三角洲地区合作与交流的重要性和紧迫性，要积极投身到主动接轨上海、参与长江三角洲地区合作与交流这项工作当中去，通过加强交流与合作，取长补短，互促共进，不断提高浙江的综合实力和国际竞争力。要适应上海建设国际大都市的要求，加快推进国际化进程，以积极主动的姿态全面参与长江三角洲地区的经济发展，为建设以上海为中心的世界级都市圈作出应有贡献。习近平亲自率浙江省党政代表团赴上海、江苏学习考察，率先提出建立长三角地区主要领导定期会晤机制，推动长三角合作进入实质化阶段。①

当年在习近平带领浙江省党政代表团到上海考察调研时，他强调此次考察调研主要是学习上海改革开放和现代化建设的好经验、好做法，共同探讨加强两省市经济技术交流与合作，共同推进长江三角洲地区经济一体化进程。这既是长江三角洲地区经济发展的内在需要和必然趋势，也是应对经济全球化挑战、提升长三角地区整体综合实力和国际竞争力、构筑世界级大都市的现实选择。以更加

① 参见求是网 http://www.qstheory.cn/economy/2018-07/19/c_1123150 757.htm，2018年7月19日。

积极的姿态主动接轨上海，加强沪苏浙三省市的合作与交流，推进长江三角洲地区经济一体化，是浙江省委、省政府作出的重大部署。这对于实施党和国家确定的建设长江三角洲及沿江地区经济带和分区域基本实现现代化的重大战略决策；对于推动沪苏浙三省市优势互补、提高区域经济竞争力；对于明确浙江在长江三角洲地区的定位，充分发挥浙江在长江三角洲地区的作用，推进全面建设小康社会，提前基本实现现代化，都具有十分重要的意义。沪苏浙三省市地域相邻、人缘相亲、文化相通、经济相融，相互合作具有良好基础和诸多优势。今后一个时期，要进一步建立沪苏浙三省市更为紧密的合作机制，拓展合作领域，丰富合作内容，提升合作层次，加速构建三省市全方位、多层次、宽领域的合作格局，共同推进长江三角洲地区的发展。[1]习近平倡导浙江要在跨区域的要素整合中获取发展的新优势，开拓新的发展空间。他这样说道："'跳出浙江发展浙江'，是浙江经济发展的必然要求，也是浙江在高起点上实现更大发展的战略选择。"[2]

在人们的印象中，浙江通常被认为是一个"藏富于民"的经济发达省份，民众的生活水平一向较高，省内有大量的民营企业存在，尤其是电子商务非常发达，代表了非公有制经济的巨大活力与潜力，"温州模式"更是为人们所熟知。改革开放至今，一方面，公有制经济一直对经济发展起到了主导作用，主要的贡献来自国有

---

[1] 参见人民网 http://www.people.com.cn/GB/jinji/31/179/20030321/949828.html，2003 年 3 月 21 日。

[2] 习近平：《之江新语》，浙江人民出版社 2007 年版，第 124 页。

企业，当然，有一部分国有企业存在低效、亏损、资产流失严重等问题，通过实施以"抓大放小"为主要原则的改革战略，国有企业的改革取得了很大成功，提高了生产效率，实现了资产重组，并逐步建立了现代企业制度，使国有企业的发展更加规范、更加有持续的张力；另一方面，非公有制经济在我国如雨后春笋般迅速发展起来，成为了公有制经济必要的、有益的补充，非公有制经济对推动我国的经济发展功不可没，是中国社会主义市场经济不可或缺的重要部分。

根据 2019 年 2 月 28 日浙江省统计局、国家统计局浙江调查总队发布的《2018 年浙江省国民经济和社会发展统计公报》显示，2018 年浙江实现生产总值（GDP）56 197 亿元，比上年增长 7.1%；人均 GDP 为 98 643 元（按年平均汇率折算为 14 907 美元），增长 5.7%。其中，经济总量继续排名全国第 4 位，增速超过全国水平。全省居民人均可支配收入为 45 840 元，比上年增长 9%，扣除价格因素增长 6.5%。按常住地分，城镇和农村居民人均可支配收入分别为 55 574 和 27 302 元，增长 8.4% 和 9.4%，扣除价格因素分别增长 6% 和 7%。其中，城镇居民人均可支配收入已连续 18 年位居全国各省区第一，农民收入已连续 34 年领跑全国各省区。①国务院发展研究中心的研究人员这样说道："浙江之所以由资源小省跃升为经济大省，从基本温饱率先迈向全面小康，连续多年成为全国经济增长最快、发展态势最好的省份之一，城镇居民人均可支配收入和农村居民人均纯收入连续多年保持全国领先，民营经济是'压舱

---

① 参见搜狐网 https://www.sohu.com/a/299004212_100013782，2019 年 3 月 4 日。

石'。全省上下通过坚持不懈创业创新，大力发展民营经济，根本改变了浙江经济面貌和人民生活，形成'富民强省'的良好发展态势。"①因为得天独厚的地理优势，浙江地区近年来不断加强与江苏、上海等邻近省市的合作，在一定程度上可以依靠周边大都市的繁荣昌盛，来推动自身的经济发展，在互相借鉴、互相推动、互相融合的基础上，共同发展，从而推动整个长三角区域一体化发展。

2007 年，习近平由浙江调往上海担任上海市委书记一职。在上海工作仅仅一个月的时间，他围绕民生、发展、"世博会"和反腐等工作领域展开了充分的实地调研。在此期间，他深入基层，与广大党员干部促膝谈心，向广大人民群众询问建议，并成功组织召开了上海第九次党代会，振奋了干部群众的精神，为上海今后五年的发展描绘了新的发展蓝图。在谋划上海未来发展时，他指出，上海的发展绝不可能独善其身，也绝不可以独惠其身，而必须放在国家对长三角区域发展的总体部署中来思考和谋划，上海要当仁不让地做好长三角的"龙头"。他倡导力推长三角一体化，并在"海纳百川，追求卓越"的"上海城市精神"中，增加了"开明睿智，大气谦和"八个字。上海有媒体评论说，这不仅切中了上海舒筋活血之穴，为"上海城市精神"扩了容，更是一次上海向"外面的世界"深思熟虑、更高层次的姿态表达。许多外地的干部群众也纷纷感叹上海的改变。②

---

① 国务院发展研究中心课题组：《波澜壮阔 40 年——我国改革开放 40 年回顾、总结与展望》，中国发展出版社 2019 年版，第 490 页。

② 参见《习近平谈治国理政》，外文出版社 2014 年版，第 435—440 页。

在围绕上海如何在新的时代背景下更好发挥表率作用这一点上，习近平多次发表重要讲话表达了对上海的殷殷关切之情和寄予厚望之意。的确如此，作为中国共产党诞生地的上海，同时也是一座彰显现代性的繁华大都市，深厚历史底蕴与开放包容氛围相互交织、红色革命文化与现代人文气息相互激荡，在发挥自身优势，引领区域一体化发展方面，可以说责无旁贷，这是以习近平为核心的党中央对上海的期望，也是全国人民对上海的希冀。

习近平关于长三角一体化发展及新时代上海要有新发展的重要指示精神，最为典型地表现在历届"进博会"开幕式所发表的重要讲话中。近年来，在上海所召开的三届"进博会"是我国在新时代的历史语境中进一步扩大对外开放的典型例子。"进博会"已经连续在上海成功举办三届，进一步提升了上海的国际知名度。第三届"进博会"包括国家综合展、企业商业展和虹桥国家经济论坛三大板块，其中的企业商业展规划面积 36 万平方米，共设服务贸易、汽车、技术装备、消费品、医疗器械及医药保健、食品及农产品六大展区。三大板块的配套活动主要分为政策解读、对接签约、新品展示、投资促进、人文交流、研究发布及其他七个类别。此次"进博会"还进一步精细打造了四个专区，分别为公共卫生防疫专区、智慧出行专区、节能环保专区、体育用品及赛事专区。简单回顾"进博会"的由来，可以看到，2017 年 5 月，习近平在"一带一路"国际合作论坛上宣布，中国将从 2018 年起举办中国国际进口博览会。此后，中国实现了自己的承诺。2018 年 11 月 5 日至 10 日，以"新时代，共享未来"为主题的首届中国"进博会"顺利在中国上海国家会展中心举办。2019 年 11 月 5 日至 10 日，第二届中国国际进口博览会同样在中国上海国家会展中心顺利举办，吸引了全世界无数关注的目光。2020 年 11 月 5 日至 10 日，尽管遭遇新冠肺炎疫情在全球蔓延的严峻挑战，第三届中国国际进口博览会仍然在上海国家会展中心如期举办。

三届"进博会"在上海成功举办的意义非同凡响。上海作为中国改革开放的窗口城市，利用"进博会"的机会，向世界展示了一个更加开放、更加繁荣的中国以及上海。这是一个进一步加强不同国家之间交流与合作、促进经济共同繁荣的国际平台，也是一项反对单边主义和贸易保护主义，更好地促进全球经济一体化发展趋势、贸易自由化和便利化的有力举措，并且在一定程度上有利于促进人类命运共同体的构建。习近平对"进博会"进行了评价："这不是一般性的会展，而是我们主动开放市场的重大政策宣示和行动。"①通过举办"进博会"，中国向世界传递了进一步打开国门、扩大开放的强烈信息，表达了一个政治更加稳定、经济更加繁荣、文化更加昌盛、社会更加稳定、生态环境更加美丽洁净的中国，希望与越来越多的世界其他国家和平共处、互帮互助、携手共赢、共同发展的美好愿景。这一兼济天下的世界情怀及和平友好的博大胸襟赢得了世界其他国家的广泛赞誉。对于发达国家而言，中国自1978 年召开十一届三中全会开启了改革开放的历史新进程之后，利用四十多年的快速发展，已经大大缩短了与它们之间的发展差

---

① 《习近平谈治国理政》第 3 卷，外文出版社 2020 年版，第 196 页。

距，并在 2010 年超越日本，成为了仅次于美国之后的世界第二大经济体，这样的发展速度令人刮目相看。而对于广大发展中国家而言，中国通过改革开放所取得的一系列成就给它们带来了很好的启示作用，中国在自身发展起来之后，并没有漠视其他发展中国家遇到的困境，而是主动向它们伸出援助之手，比如免除部分非洲国家的债务、积极向贫困国家提供人道主义救助等，体现了真挚的兄弟情谊。正如习近平所指出的："无论中国发展到什么程度，我们都不会威胁谁，都不会颠覆现行国际体系，都不会谋求建立势力范围。中国始终是世界和平的建设者、全球发展的贡献者、国际秩序的维护者。"①

关于上海，习近平曾经在这里工作过，对这片土地很有感情。他连续两年亲自出席上海"进博会"开幕式，并发表主旨演讲，第三次"进博会"则是由于新冠肺炎疫情的特殊情况在北京进行了视频形式的开幕式致辞。此外，习近平还多次就上海"进博会"相关事宜作出重要指示。以首届"进博会"开幕式为例，当时包括多个国家和地区领导人、国际组织负责人在内的 1 500 多名与会嘉宾在现场聆听了习近平总书记的重要讲话。他在首届"进博会"开幕式上的讲话题为《共建创新包容的开放型世界经济》。他指出："一座城市有一座城市的品格。上海背靠长江水，面向太平洋，长期领中国开放风气之先。上海之所以发展得这么好，同其开放品格、开放优势、开放作为紧密相连。我曾经在上海工作过，切身感受到开放

---

① 《习近平谈治国理政》第 3 卷，外文出版社 2020 年版，第 194 页。

之于上海、上海开放之于中国的重要性。开放、创新、包容已成为上海最鲜明的品格。这种品格是新时代中国发展进步的生动写照。"①接着，习近平又进一步指明了国家对于上海以及包括上海在内的长三角区域的最新战略规划，他这样说道："为了更好发挥上海等地区在对外开放中的重要作用，我们决定，一是将增设中国上海自由贸易试验区的新片区，鼓励和支持上海在推进投资和贸易自由化便利化方面大胆创新探索，为全国积累更多可复制可推广经验。二是将在上海证券交易所设立科创板并试点注册制，支持上海国际金融中心和科技创新中心建设，不断完善资本市场基础制度。三是将支持长江三角洲区域一体化发展并上升为国家战略，着力落实新发展理念，构建现代化经济体系，推进更高起点的深化改革和更高层次的对外开放，同'一带一路'建设、京津冀协同发展、长江经济带发展、粤港澳大湾区建设相互配合，完善中国改革开放空间布局。"②

习近平的重要讲话指明了国家在战略层面为上海制定的三大重要工作部署，概括起来就是：增设中国上海自由贸易试验区的新片区；在上海证券交易所设立科创板并试点注册制；支持长江三角洲区域一体化发展并上升为国家战略。其中的最后一点第一次将长三角一体化的问题提升至了国家战略的高度，表达了在新时代的历史语境中，党和国家对长三角一体化问题前所未有的高度重视。从我

---

① 《习近平谈治国理政》第 3 卷，外文出版社 2020 年版，第 206 页。
② 《习近平谈治国理政》第 3 卷，外文出版社 2020 年版，第 206—207 页。

国近年来的整体布局来讲，在国家层面重点部署强调的区域一体化主要包括三大板块：一是京津冀一体化；二是长三角区域一体化；三是粤港澳大湾区一体化。这三大板块涵盖了中国的北部、东部和南部，包括了北京、上海、广州等重要城市，也是中国经济最发达、最具代表性的区域。

在第二届上海"进博会"开幕式上，习近平再次发表了重要讲话。这次重要讲话的题目为《开放合作，命运与共》。他首先简单回顾了在首届上海"进博会"上宣布的中国扩大对外开放的五大举措和对上海提出的三大开放要求的落实情况。他这样说道："一年来，这些开放措施已经基本落实。其中，上海自由贸易试验区临港新片区已经正式设立，我们推而广之，还在其他省份新设了6个自由贸易试验区；再就是上海证券交易所设立科创板并试点注册制已经正式实施；长三角区域一体化发展已经作为国家战略正式实施；这两年来，中国的国家战略又迈出新的步伐，粤港澳大湾区战略、京津冀一体化战略、长江经济带战略、黄河流域生态保护和高质量发展战略、东北振兴战略、西部开发战略，今年又明确了长三角发展的新战略。《外商投资法》将于明年1月1日起实行；全面实施准入前国民待遇加负面清单管理制度已经出台；扩大进口促进消费、进一步降低关税等取得重大进展。去年，我在进博会期间举行的双边活动中同有关国家达成98项合作事项，现在清点一下，其中23项已经办结，47项正在积极推进，28项也在跟进推进。"①接

---

① 《习近平谈治国理政》第3卷，外文出版社2020年版，第209页。

下来，他又对进一步促进我国的对外开放，尤其是加强不同区域间的合作进行了重点部署："中国对外开放是全方位、全领域的，正在加快推动形成全面开放新格局。中国将继续鼓励自由贸易试验区大胆试、大胆闯，加快推进海南自由贸易港建设，就是我们的海南省，全省建成自由贸易港。打造开放新高地。中国将继续推动京津冀协同发展、长江经济带发展、长三角区域一体化发展、粤港澳大湾区建设，并将制定黄河流域生态保护和高质量发展新的国家战略，增强开放联动效应。"①在第三届"进博会"开幕式上的讲话中，习近平则就此次疫情的特殊状况强调了全球所有国家共同应对风险挑战，共同加强合作沟通，共同扩大对外开放的重要性。

从习近平在第二届"进博会"开幕式上的讲话中可以看出，长三角区域一体化发展已经从理念层面的国家战略顺利过渡到实践层面的具体措施得以正式实施，并且在今后很长一段时间内将持续往前推进。无疑，自从习近平借举办"进博会"的机会向世人宣告党和国家在顶层设计上对长三角区域一体化发展的新规划、新设想之后，长三角区域三省一市便按照计划有条不紊地开始了全面协调、相互对接的各项工作，其中最为典型的一点，即长三角生态绿色一体化发展示范区的新鲜出炉。

该示范区地处江、浙、沪两省一市交界之处，涵盖上海的青浦、浙江的嘉善、江苏的吴江部分区域，以示范区的形式集中探索长三角一体化发展的新举措，这也是发挥上海自身在长三角一体化

---

① 《习近平谈治国理政》第 3 卷，外文出版社 2020 年版，第 211 页。

进程中引领作用的一个重要契机。据相关报道，2020 年 7 月 30 日，国内首个跨区域联合组建的行政复议委员会——长三角生态绿色一体化发展示范区行政复议委员会正式成立。这一复议委员会由江苏、浙江、安徽和上海三省一市司法厅（局）联合组建，将为长三角一体化示范区相关行政复议机构办理重大、复杂、疑难等案件提供咨询意见。在此基础上，长三角生态绿色一体化发展示范区复议委员会的专业咨询范围还将扩大至整个长三角区域，以期进一步推动三省一市行政复议机构案件审理标准的统一，尽量做到用同样的方法与标准来处理同一类型的案件。除此以外，还将根据现实工作中的需要，为长三角区域重大决策和行政执法等工作提供法律咨询意见，以此实质性地加快长三角区域一体化工作部署。该复议委员会是按照"符合改革方向与法律规定、不破行政隶属、不动机构编制、积极探索跨区域合作"的原则组建的，具体开展工作则依托现有的行政力量进行，而不再另行设立专职人员和常设机构，如此也起到了既有效解决实际工作中的困难，又精简机构的作用。

从国际化的角度来说，随着十一届三中全会将"开放"的种子播撒在人们心间以来，这一种子逐渐生根发芽、不断生长，到如今已经长成参天大树。的确如此，近年来我国以前所未有的速度扩大了对外开放，从而越来越快地融入世界一体化的历史潮流中去。而每年在固定的时间于上海举办"进博会"，无疑是当下我国促进对外贸易、扩大对外开放与合作、积极主动融入国际市场的一项强有力的举措，这一举措产生的令人满意的效果通过三届"进博会"所取得的丰硕成果可窥见一斑。

根据有关部门的统计，首届"进博会"吸引了 172 个国家、地区和国际组织前来参会，共 3 600 多家企业参加展览，超过 40 万名境内外采购商到会洽谈采购，展览总面积达 30 万平方米。首届"进博会"包括展会和论坛两大部分。展会由国家贸易投资综合展和企业商业展组成。国家展主要展示各国形象和发展成就，只展示不成交。企业展分为七大展区，既有货物贸易，也有服务贸易。来自五大洲的 172 个国家、地区和国际组织参会，参展企业 3 617 家，80 多万人进馆洽谈采购、参观体验，成交额达 578 亿美元。虹桥国际经贸论坛由主论坛、3 场平行论坛及国际财经媒体和智库论坛组成，4 500 多名各界嘉宾出席，吸引了近 4 000 名中外记者与会报道。来参展的企业包括 220 多家世界 500 强和行业龙头企业，展品一流，首次亮相中国的展品多达 5 000 余件，有 300 多项新产品和新技术首次发布，130 多个国家和地区的参展企业都有成交，都有获得感，拓展了国际市场空间。①第二届"进博会"在第一届的基础上取得了更多的成果。根据有关部门统计，此次"进博会"交易采购成果丰硕，按一年计，累计意向成交 711.3 亿美元，比首届增长 23％。共有 181 个国家、地区和国际组织参会，3 800 多家企业参展，超过 50 万名境内外专业采购商到会洽谈采购，展览面积达 36 万平方米。截至 2019 年 11 月 10 日中午 12 时，累计进场超过 91 万人次。与首届相比，此次企业商业展规模、质量、布展水平均实

①　参见人民网 http://sh. people. com. cn/n2/2018/1119/c138654-32301702. html，2018 年 11 月 19 日。

现了新突破，全球或中国大陆首发新产品、新技术或服务391件，高于首届。另外在此次会议期间共举办380多场配套活动，其中虹桥国际经济论坛由开幕式主论坛和5场分论坛组成，4 000多名来自全球政商学研各界嘉宾出席。①而第三届"进博会"因为疫情的影响，参展的国家有所减少。在为期6天的展会期间，来自全球150多个国家的3 600多家企业亮相进博会，经贸合作累计意向成交达726.2亿美元。此次展会的开幕式以线上线下相结合的方式进行。②

"进博会"不仅是一次全球自由贸易的盛会，也是一次科技创新、人文荟萃的大型展览，使人们看到了我们所处时代科技发展的最新成果，领略了来自不同国家的风土人情，相信这也是众多参观"进博会"的人们的共同感受。"进博会"使人们站在时代的最前沿，感受到了新时代发展的新气息。"进博会"放在上海举办，将一个欣欣向荣、向世界敞开怀抱的上海立体地呈现在世人面前。无论是改革还是开放，上海对于长三角区域，乃至全中国而言，其强大的经济实力、日新月异的科技创新能力、优秀的人力资源、由来已久的开放传统都发挥着强大的引领作用。对于上海而言，通过成功主办三届"进博会"，向世人展示了上海雄厚的经济实力和开放的姿态。

---

① 参见中国信息报网 http://www.zgxxb.com.cn/jsdk/201911130023.shtml，2019年11月13日。

② 参见赛迪网 http://www.ccidnet.com/2020/1211/10555865.shtml，2020年12月11日。

　　不难看到，"进博会"在国际大都市——上海的定期举办，从一个侧面反映了中国在新的历史时期以更加主动、积极的态度推进国际交流与合作，也借此机会进一步向世界展示上海作为中国国际化主要窗口城市的强大实力、丰富多样的城市发展面貌及蕴含的各种商机。在成功举办"进博会"的过程中，上海的对外交流上升了一个层次，国际化水平也得到了快速的提升。习近平在三届"进博会"开幕式上都发表了重要讲话，其中的两次讲话依据新形势、新变化，通过将长三角区域一体化上升至国家战略层面，并进一步强调要继续推动长三角区域一体化发展，增强开放联动效应，从顶层设计的角度表达了对长三角区域一体化工作的高度重视，赋予长三角区域一体化具有战略意蕴的历史使命，以更加广博、深远的视角为长三角区域描绘了宏伟的建设蓝图。

　　习近平不仅高度重视包括长三角区域一体化发展在内的我国国内的区域合作问题，而且还高度重视国际层面的区域合作与交流问题。习近平在 2018 年 6 月 10 日上海合作组织成员国元首理事会第 18 次会议上指出："17 年来，我们以《上海合作组织宪章》、《上海合作组织成员国长期睦邻友好合作条约》为遵循，构建起不结盟、不对抗、不针对第三方的建设性伙伴关系。这是国际关系理论和实践的重大创新，开创了区域合作新模式，为地区和平与发展作出了新贡献。"① 此外，他还进一步强调："'上海精神'是我们共同的财富，上海合作组织是我们共同的家园。我们要继续在'上海精神'

---

　　① 《习近平谈治国理政》第 3 卷，外文出版社 2020 年版，第 439 页。

指引下，同舟共济，精诚合作，齐心协力构建上海合作组织命运共同体，推动建设新型国际关系，携手迈向持久和平、普遍安全、共同繁荣、开放包容、清洁美丽的世界。"①

除了高度重视长三角区域一体化问题之外，习近平也在很多场合强调了对上海发挥引领作用的期望。他在2007年3月担任上海市委书记后，仅仅用7个月的时间就跑遍了全市19个区县，做到对各方面情况尽可能详细地了解，到中央工作后，他还专门赴上海调研，表达了对上海发展的高度重视，作为工作过的地方，他对上海各方面的发展情况都十分熟悉，也对上海怀有深厚的感情，在每年召开的全国人民代表大会和中国人民政治协商会议期间，多次参加上海代表团的讨论。在2017年的全国"两会"期间与上海代表团共同商讨时，习总书记曾表示，他离开上海10年了，虽然不经常去上海，但对上海的情况还是了解的，还是牵挂着上海，每年全国"两会"期间与上海的代表见面，进行直接交流，这也有助于他更多了解上海的情况。他特别肯定了上海在围绕创新驱动发展、优化经济结构、深化改革等方面取得的新成就，强调中央把很多改革试点放在上海，体现了中央对上海的高度信任。他指出，聚焦科技创新中心建设，坚持创新引领，加快经济结构战略性调整，实施创新驱动发展战略迈出新步伐，这是中国新时期的战略，上海是经济中心城市，要先行先试走在前列。②

---

① 《习近平谈治国理政》第3卷，外文出版社2020年版，第441页。

② 参见中国网 http://www.china.com.cn/lianghui/news/2017-03/06/content_40416284.htm，2017年3月6日。

从上述讲话可以看出，习近平高屋建瓴地指明了上海通过在改革创新领域发挥引领作用从而大力助推全国经济发展的战略性意义，也指出了我国依靠科技创新提升新时期中国经济发展质量的大趋势，表达了对我国诸如上海这样的大城市在发挥带头作用、示范作用、辐射作用等方面的高度肯定与大力支持。这一讲话无疑非常鼓舞人心，尤其是对上海代表团，乃至上海人民群众来讲。这是基于对上海具体发展情况、对上海在全国经济发展中的重要地位、对今后我国经济发展的前景趋势准确认知的基础上形成的重要论述。由此可见，习近平对上海扮演"先锋模范"角色，在区域经济发展及全国经济发展方面起到关键性作用，有着十分深刻的认识。习近平关于新时期上海发挥引领作用的重要论述，在某种程度上进一步凸显了上海在促进长三角区域更高质量一体化发展方面的角色定位，当然，这更是上海在新时代的一种新的使命与担当。

2019 年 11 月 2 日至 3 日，习近平利用参加第二届"进博会"开幕式的机会对上海进行了视察。此次习近平在中共中央政治局委员、上海市委书记李强和时任上海市长应勇的陪同下，深入上海杨浦滨江、古北社区，就贯彻落实党的十九届四中全会精神、城市公共空间规划建设、社区治理和服务等进行调研，同基层干部群众亲切交流。习近平强调，要深入学习贯彻党的十九届四中全会精神，坚持稳中求进工作总基调，全面贯彻新发展理念，加快改革开放步伐，加快建设现代化经济体系，加大推进三大攻坚战力度，扎实推进长三角一体化发展，妥善应对国内外各种风险挑战，勇挑最重担子、敢啃最难啃的骨头，着力提升城市能级和核心竞争力，不断提高社会主义现代化国际大都市治理能力和治理水平。3 日下午，习近平听取了上海市委和市政府工作汇报，对上海各项工作给予肯定。他希望上海认真贯彻落实党中央重大决策部署，持之以恒，再接再厉，奋力创造新时代新奇迹。习近平指出，要深入推进党中央交付给上海的三项新的重大任务落实。上海自贸试验区临港新片区要进行更深层次、更宽领域、更大力度的全方位高水平开放，努力成为集聚海内外人才开展国际创新协同的重要基地、统筹发展在岸业务和离岸业务的重要枢纽、企业走出去发展壮大的重要跳板、更好利用两个市场两种资源的重要通道、参与国际经济治理的重要试验田，有针对性地进行体制机制创新，强化制度建设，提高经济质量。设立科创板并试点注册制，要坚守定位，提高上市公司质量，支持和鼓励"硬科技"企业上市，强化信息披露，合理引导预期，加强监管。长三角三省一市要增强大局意识、全局观念，抓好《长江三角洲区域一体化发展规划纲要》贯彻落实，聚焦重点领域、重点区域、重大项目、重大平台，把一体化发展的文章做好。习近平强调，上海是我们党的诞生地，党成立后党中央机关长期驻扎上海。上海要把这些丰富的红色资源作为主题教育的生动教材，引导广大党员、干部深入学习党史、新中国史、改革开放史，让初心薪火相传，把使命永担在肩，切实在实现"两个一百年"奋斗目标、实现中华民族伟大复兴的中国梦进程中奋勇争先、走在前列。①

---

① 参见《习近平在上海考察时强调　深入学习贯彻党的十九届四中全会精神　提高社会主义现代化国际大都市治理能力和治理水平》，《人民日报》2019 年 11 月 4 日。

上海的经济发展历年来一直处于全国的前列，与世界其他国家有着广泛而紧密的联系，其作为国际大都市的地位牢牢不可撼动，更借着"进博会"的重要契机进一步提升了自己作为国际大都市的形象，是名副其实的金融中心、贸易中心、经济中心、航运中心。2021年是中国共产党成立100周年，百年荣光，千秋伟业。回顾这一段光荣的历史，可以看到，中国共产党的"一大"之所以在上海召开，与上海经济底子好、产业工人聚集息息相关。我国的民族工商业主要集中在上海，在新中国成立以后相当长一段时间内，上海的经济发展都起到了在全国"领跑"的作用，尤其值得一提的是，20世纪70年代末，上海在工业总产值及出口总值等方面获得了多项全国排名第一的好成绩。1990年4月18日，党中央、国务院正式宣布开发开放上海浦东，这一重要的国家政策为上海的经济发展与对外联系开辟了新的发展空间。我国改革开放的总设计师邓小平是开发开放浦东的倡导者，他在1991年1月28日视察上海时指出："金融很重要，是现代经济的核心。金融搞好了，一着棋活，全盘皆活。上海过去是金融中心，是货币自由兑换的地方，今后也要这样搞。中国在金融方面取得国际地位，首先要靠上海。"[1]虽然与广州、深圳等地相比，上海浦东的开发开放在时间上有些偏后了，但是好在上海原有的底子好，此后又全力以赴加油干，因此借着新一轮改革开放的春风，在经济建设方面获得了较好的发展。

2011年初，国务院正式批复位于上海浦东中部地区的张江高

---

[1] 《邓小平文选》第3卷，人民出版社1993年版，第366—367页。

新区创建国家自主创新示范区，自此揭开了浦东发展的新篇章。有学者指出："近年来，浦东深入贯彻落实习近平重要指示精神，以提升张江综合性国家科学中心集中度和显示度为核心，布局一批重大科技基础设施，建设世界一流的张江科学城，积极构建科技成果转移转化促进、高端集聚的创新性产业、具有全球竞争力的人才资源、科技创新制度、科技创新服务模式和服务五大支撑体系，科创中心建设集中度、显示度日益增强。"①

值得一提的是，这几年上海在建设自贸区方面也取得了相当不错的成绩。建设自由贸易试验区是党中央在新形势下全面深化改革、扩大对外开放的一项战略举措。在改革进入攻坚期和深水期的大背景下，深化自由贸易试验区改革至关重要，可以进一步彰显全面深化改革和扩大开放试验田的作用。一方面，亮明我国向世界全方位开放的鲜明态度；另一方面，有利于取得更多可复制可推广的制度创新成果，为全面深化改革和扩大开放探索新途径、积累新经验。为此，上海在自贸区改革的系统集成、对标国际标准、深化"证照分离"、强化"双自联动"制度创新等一批试点项目基础上，进一步推进改革，努力探索构建开放型经济新体制，大胆地借鉴运用国际通行、灵活有效的办法，推动制度和政策创新，全力对标国际标准，打造世界一流营商环境，使自由贸易试验区成为了开放和创新融为一体的综合改革试验区。2013年9月，我国大陆境内第一

---

① 黄金平、龚思文：《潮涌东方——浦东开发开放30年》，上海人民出版社2020年版，第329页。

个自由贸易区——中国（上海）自由贸易区试验区在浦东外高桥挂牌，随着 2018 年 11 月习近平在首届"进博会"开幕式上宣布增设上海自贸试验区新片区以来，自贸区临港新片区各方面的建设工作已经顺利展开。

以上重点分析了浙江和上海这一省一市的经济发展现状，尤其是重点回顾了上海在三届"进博会"期间迎来的新商机，下面再来简单介绍一下江苏和安徽两个省份的经济发展现状。江苏和安徽两省近几年经济增长有目共睹。江苏交通便利，历史悠久，经济繁荣，教育发达，文化昌盛，人均 GDP、综合竞争力、地区发展与民生指数（DLI）均居全国各省前列，已达到"中上等"发达国家水平。江苏的经济发展一直比较稳定，其在加快城市与区域经济协作体系建设方面的步伐迈得很大，不断做好与周边区域的资源整合工作。以江苏的昆山为例，连续多年被评为全国百强县之首，拥有一大批明星企业，民营经济非常发达，经过多年的发展，已经形成了纺织、轻工、机械、冶金、电子、化工、医药、食品、建材等门类较为齐全，具有一定规模和相当水平的工业体系。昆山地缘上与上海相毗邻，因此与上海的经济合作相当多，物资流动也十分频繁，尤其是近年来快递业的迅猛发展，加快了昆山的物流速度。

安徽是中国改革开放的先行地，其"小岗村精神"，拉开了中国农村改革开放的序幕。安徽一直以来是农业大省，省内劳动力充裕，去长三角其他省市外出务工的人员数量庞大。作为国家技术创新工程试点省，安徽在全国创新大格局中占有重要地位，近年来的科技创新发展态势喜人，一大批龙头企业随着科技创新实力的增强脱颖而出，实力不容小觑。

2020 年 8 月，习近平专门到安徽考察调研，他在合肥主持召开扎实推进长三角一体化发展座谈会并发表重要讲话。他强调，要深刻认识长三角区域在国家经济社会发展中的地位和作用，结合长三角一体化发展面临的新形势新要求，坚持目标导向、问题导向相统一，紧扣一体化和高质量两个关键词抓好重点工作，真抓实干、埋头苦干，推动长三角一体化发展不断取得成效。他指出，长三角一体化发展战略实施一年多以来，三省一市和有关部门贯彻落实党中央决策部署，工作抓得紧，有不少亮点：一是对党中央战略意图领会到位，把长三角一体化发展放在国家区域发展总体战略全局中进行统筹谋划，扣紧了全国发展强劲活跃增长极、高质量发展样板区、率先基本实现现代化引领区、区域一体化发展示范区、改革开放新高地的战略定位；二是创新方式方法，围绕重点领域和重点区域进行突破，以点带面加快一体化进程；三是战略实施成果已经显现，规划政策体系"四梁八柱"初步构建，多层次工作机制发挥实效，在这次疫情防控和恢复经济过程中，一体化机制和互联互通基础设施发挥了作用。总的来说，长三角一体化发展新局面正在形成。这说明，党中央决策部署是正确的，各方面落实是有力的。

面对严峻复杂的形势，要更好推动长三角一体化发展，必须深刻认识长三角区域在国家经济社会发展中的地位和作用：第一，率先形成新发展格局，在当前全球市场萎缩的外部环境下，我们必须集中力量办好自己的事，发挥国内超大规模市场优势，加快形成以国内大循环为主体、国内国际双循环相互促进的新发展格局，长三角区域要发挥人才富集、科技水平高、制造业发达、产业链供应链相对完备和市场潜力大等诸多优势，积极探索形成新发展格局的路径；第二，勇当我国科技和产业创新的开路先锋，当前，新一轮科技革命和产业变革加速演变，更加凸显了加快提高我国科技创新能力的紧迫性，上海和长三角区域不仅要提供优质产品，更要提供高水平科技供给，支撑全国高质量发展；第三，加快打造改革开放新高地，近来，经济全球化遭遇倒流逆风，越是这样我们越是要高举构建人类命运共同体旗帜，坚定不移维护和引领经济全球化。长三角区域一直是改革开放前沿，要对标国际一流标准改善营商环境，以开放、服务、创新、高效的发展环境吸引海内外人才和企业安家落户，推动贸易和投资便利化，努力成为联通国际市场和国内市场的重要桥梁。①

第二节　新时代建设活力长三角的制约因素

自改革开放以来，长三角区域一直是我国经济发展极具活力与潜力、开放程度较高的代表性区域。随着当今时代全球化、信息化速度越来越快，各种复杂情况不断涌现，新形势下推进长三角区域经济更高质量一体化发展，建设活力长三角正面临不少制约因素。

---

① 参见《习近平在扎实推进长三角一体化发展座谈会上强调　紧扣一体化和高质量抓好重点工作　推动长三角一体化发展不断取得成效》，《光明日报》2020 年 8 月 23 日。

一、区域经济发展存在不平衡现象

长三角区域开放性大、企业聚集度高、人口密度大，经济发展整体实力处于全国前列。从近代历史的角度来看，区域整体富甲一方，商业活动历来频繁，出现了以"浙商"和"徽商"为代表的经商群体，上海则是中国近代民族工商业的聚集地。但是，区域内部不同省市之间在经济发展的整体实力上存在差距。举例来说，江苏和浙江拥有的全国百强县数量较多，而安徽则相对少些。此外，同一个省份内部不同地方之间的经济发展也存在不平衡现象，沿海城市的发展相对要快一些。几个主要城市之间连接地带的发展洼地明显，人才、资源等过于集中于核心城市。习近平在 2020 年考察调研安徽时召开的关于长三角一体化的座谈会上指出：要增强欠发达区域高质量发展动能，一体化的一个重要目的是要解决区域发展不平衡问题，发展落差往往是发展空间。有关部门要针对欠发达地区出台实施更精准的举措，推动这些地区跟上长三角一体化高质量发展步伐。海纳百川，有容乃大。不同地区的经济条件、自然条件不均衡是客观存在的，如城市和乡村、平原和山区、产业发展区和生态保护区之间的差异，不能简单、机械地理解均衡性。解决发展不平衡问题，要符合经济规律、自然规律，因地制宜、分类指导，承认客观差异，不能搞一刀切①。由此可见，上海、浙江和江苏要形

① 参见《习近平在扎实推进长三角一体化发展座谈会上强调 紧扣一体化和高质量抓好重点工作 推动长三角一体化发展不断取得成效》，《光明日报》2020 年 8 月 23 日。

成一股"合力"，更好地带动安徽的经济发展，以一体化发展为契机，使安徽经济发展的"后发"优势逐渐显现出来，当然，安徽也要学会更好地向长三角其他两省一市进行"借力"，充分发挥自身在人力、物力方面的长处，尽快赶上长三角其他两省一市的发展步伐。

此外，上海充分发挥辐射作用，引领长三角其他省市加快经济发展的能力还有待于进一步提升。上海的经济实力领跑全国，尤其是在以科技创新提升经济发展质量及与国际经济发展实现良好对接方面对其他三省具有较大的示范效应。由于历史原因及地理位置等因素，造成了长三角区域中安徽省的经济发展相对于其他二省一市来说较慢，而上海则是该区域的经济发展"领头羊"。因此，安徽主动对接上海，从而促使安徽经济发展，具有十分迫切的现实意义。

二、长三角三省一市产业的同构程度偏高，不同区域间的分工协作有待进一步强化

长三角地区是我国城市化程度最高、城镇分布最密集、经济发展水平最高的地区之一。区域内工业化程度高、产业类别齐全，石油化工、钢铁、电力等行业分布集中。从产业分析来看，长三角地区间产业结构存在一定的梯度差异。2018 年上海市第三产业比重较第二产业高 40 多个百分点，服务经济主导型的"三二一"型产业结构特征明显，江苏省和浙江省第三产业比重略高于第二产业，呈现服务业和工业基本并重的"三二一"型产业结构，安徽省第二产业比重略高于第三产业，形成"二三一"型产业结构，工业依然

是拉动经济增长的主要部门。另外，结合制造行业区位商指数，上海、江苏与浙江区位商大于1的行业主要集中于中高端制造业，安徽区位商大于1的行业主要集中于中低端制造业。由此可见，长三角地区产业布局各有优势，存在着一定的互补性。

令人担忧的一点是，从整体上来看，长三角区域三省一市产业的同构程度依然很高。根据联合国工业发展组织提出的相似系数计算公式得出，上海与江苏产业结构相似系数为0.82，上海与浙江产业结构相似系数为0.76，而浙江与江苏产业结构相似系数高达0.97，江苏与安徽产业结构相似系数高达8.14。①从结构相似性系数来看，上海与长三角其他省份之间的结构相似性系数相对较低，江苏、浙江与安徽三省之间的结构相似性系数均相对较高，即苏浙皖同构现象较为严重，长三角地区尚未充分发挥整体联动效应，生产力布局出现重复性，产业结构趋同化现象依然十分突出。产业结构趋同存在较大的弊端，即各地不能发挥自身的长处和特点，做到优势互补，反而会产生同行业的恶性竞争，同时会增加自然资源的浪费和基础设施的重复建设，从而使长三角三省一市协同发展的优势变为劣势，影响整个区域的经济发展水平。

三、以科技创新促进区域经济发展的力度有待增强

改革开放四十多年来，我国的经济发展可以说一直在"快车

---

① 参见赵晓雷：《2018上海城市经济与管理发展报告（特辑）——长三角区域经济一体化与上海核心城市战略优势培育》，格致出版社、上海人民出版社2019年版，第52—53页。

道"上高速前进，经济发展带来的中国社会的崭新景象让每一个中国人都欣喜不已。当下，我国经济已由高速增长阶段转向高质量发展阶段，具有"摸着石头过河"鲜明特征的经济体制改革也正处于实践创新的攻坚期。由于新冠肺炎疫情，我国的经济发展受到较大影响，而今年又是"十四五"规划开始实施的开局之年，在这样一个关键的时间节点，依据新形势，进一步深化我国的区域经济一体化发展改革，继续探索以科技创新带动企业全面转型升级，从而增强区域经济整体实力，势在必行。

从长三角区域的具体情况来看，自 1978 年改革开放以来，长三角区域如虎添翼，成为了我国经济最具活力、开放程度高、科技创新能力强的代表性区域。作为"一带一路"和长江经济带的重要交汇点，这一区域的经济增长潜力不可估量，其中各省市又各有所长：上海以科技创新带动经济发展的能力很强，浙江的民营经济发展迅猛，江苏的企业富有活力，安徽的经济发展具有后发优势。目前的问题是高质量的科技创新有待进一步扩大，不同省市间的科技创新有待进一步加强交流与合作，尤其是先进地区要主动带领相对落后地区加快科技创新的步伐以促进经济快速发展。

四、新冠肺炎疫情在我国及全球范围内的传播对长三角区域的经济发展造成了很大挑战

自 2020 年伊始发生新冠肺炎疫情以来，先是我国国内的经济发展遭遇了重大的挑战，后是随着新冠肺炎疫情在全世界范围内的大面积传播，世界经济遭到严峻考验，由于该疫情暴发的严重程度，在未来相当长一段时间内，世界经济形势发展前景不容乐观，经济下行趋势明显，各方面影响因素纵横交错，尤其是个别国家借着疫情的由头，"逆全球化"、实施贸易保护主义的做法变本加厉，不断增加对我国的经济遏制。虽然我国是仅次于美国之后的世界第二大经济体，也是世界第一制造强国，但是从整体上来看，我国过去一直依靠人口红利，从事产品的代加工，被称为"世界工厂"，尽管近年来高度重视科技创新，实施创新驱动，但是"冰冻三尺，非一日之寒"，目前我国大量企业正处在转型升级过程中，总体上仍处于世界产业链的中低端，在一些科技前沿领域缺少核心技术、关键技术，没有足够的话语权。一旦一些西方发达资本主义国家掐断供应链，我国一些在关键技术方面对国外依赖性很强的企业就会面临严峻的局面。

从长三角区域的经济发展来看，浙江与江苏的很多企业是"出口导向型"企业，这些企业以民营企业为主，一直以来对当地的经济发展起到了相当大的推动作用，也解决了安徽、河南及四川等地的劳动力输出问题。2021年虽然新冠肺炎疫情在我国的传播得到了极为有效的控制，但是仍然在全世界范围内大面积流行，情况令人担忧。在新冠肺炎疫情的影响下，这些传统的"出口导向型"企业的海外业务大幅度减少，企业受损严重，复工复产也面临一定压力。从根源上分析，这些企业今后还是需要审时度势，根据最新的国内外形势发展，早日实现自主创新、产能升级，尤其是要将目光转向国内消费市场，依靠国内消费市场的巨大潜力，开辟企业新的发展路径。

第三节　上海发挥引领作用，促进经济一体化，建设活力长三角的重大举措

当一个地区的经济发展不断爆发新的增长点的时候，那么这个地区的整体发展必然呈现欣欣向荣的局面，充满活力。在长三角一体化发展上升为国家战略以后，上海要遵循习近平对长三角一体化发展及上海发挥引领作用的重要指示，充分发挥自身改革开放先锋模范作用，引领其他三省齐头并进，以提升区域经济整体实力为目的，加快科技创新为手段，建设活力长三角。通过采取一系列重大举措，上海要引领长三角区域其他三省将习近平的相关重要论述贯彻落实到实践中去，进一步推进新形势下长三角区域经济更高质量一体化发展，更好落实党和国家的重要发展战略。

值得一提的是，在我国和全球其他国家相继出现新冠肺炎疫情之后，无论是我国国内面临的经济发展挑战还是国际经济下行趋势，都显示在"疫情时代"以及随之而来的"后疫情时代"的大背景下，复苏经济、发展经济并不容易。从我国的情况来看，在此次疫情中长三角区域大量企业的复工复产还是比较及时的，虽然在我国国内疫情严重时期劳动密集型企业都关闭了生产，在国际疫情发展严重的时期，一部分出口导向型企业、外商独资企业及中外合资企业也受到了相当大的影响，但是不少企业也借此机会进行了整顿

重组，采取新方法，实施新策略，竭尽全力去降低疫情带来的负面影响。

一、上海发挥引领作用，引领长三角区域其他三省以优势互补提高资源配置效率

长三角三省一市分布着数量众多的各类型企业，不同的行政区域会动用行政分割手段，对企业采取不同的考核指标，从而制约企业与产业跨界转移，阻碍省市之间的企业和生产要素流动。在长三角区域更高质量一体化发展的新形势下，长三角三省一市必须要改变各自为营进行产业切割的传统做法，将视线突破行政区域划分的狭隘性，聚焦区域整体新旧产业更替，深化产业布局，避免产业雷同与恶性竞争，在有限的国土资源空间内结合四地各自的经济亮点，提升汽车、集成电路、纺织服装、装备制造等传统优势产业经济实力，优化人工智能、互联网＋等新兴产业布局。要根据新形势不断调整产业结构，在全球价值链中思考长三角区域的产业转型升级问题，不断提升企业核心竞争力。推动长三角产业链良性循环，形成长三角高质量产业集群，实现优势互补、错位竞争。各省市要主动跨越行政区域划分的藩篱，建立长三角区域统一大市场，以开放性合作平台为依托，提高区域间资源配置的效率，促进生产要素跨区域优化配置，提升区域整体经济竞争力。

从物资跨省市流动方面来看，上海要带头加快推动交通物流一体化，进一步打破条块分割的界限，更好地打通三省一市的交通道

路，尤其是一些"老大难"的断头路，统一规划配置航空、铁路、公路、港口的优质资源，提供便捷高效的、全方位、立体交叉型交通设施，有利于三省一市之间的物质资源调配，同时也更有利于人民出行。要建立区域产业协作机制，提高资源配置效率。上海要在形成长三角区域统一大市场方面以身作则，以开放性合作平台为依托，提高区域间资源配置效率，促进生产要素跨区域优化配置，有效实施原有传统产业的转型升级，从而提升区域整体经济竞争力。要致力于将长三角生态绿色一体化示范区打造成长三角产业协同发展样板区，并从中积累经验，为以后建成更多的同类区域打下夯实的基础。正如有学者指出的："一个国家或地区的经济结构与当地的产业结构息息相关，国家或者区域的经济结构是否合理很大程度上由其产业结构决定，甚至国民经济的发展规模、速度以及方向一定程度上都深受产业结构影响。产业优化是不断地提高产业结构水平、促进各个产业之间协同发展的动态过程，其主要目标是推动产业结构向合理化和高级化方向发展。"①

二、上海责无旁贷，充分彰显自身在提升区域整体经济实力中的"龙头"功能

在党的十八大所制定的"五位一体"总体布局中，经济建设是

---

① 赵晓雷：《2020上海城市经济与管理发展报告——长三角生态绿色一体化发展示范区建设与上海城市能级提升》，格致出版社、上海人民出版社2020年版，第63页。

中心，凸显了发展依然是我国建设新时代中国特色社会主义的首要"关键词"。当前我国仍处于并长期处于社会主义初级阶段，这一历史阶段我们的经济发展还有很长的路要走，我国作为当今世界最大的发展中国家，拥有十四亿多的庞大人口，自然资源十分有限，经济发展关涉社会的方方面面，必须为重中之重。习近平在党的十九大报告中指出："发展是解决我国一切问题的基础和关键……必须坚持和完善我国社会主义基本经济制度和分配制度，毫不动摇巩固和发展公有制经济，毫不动摇鼓励、支持、引导非公有制经济发展，使市场在资源配置中起决定性作用，更好发挥政府作用。推动新型工业化、信息化、城镇化、农业现代化同步发展，主动参与和推动经济全球化进程，发展更高层次的开放型经济，不断壮大我国经济实力和综合国力。"①作为经济发展的"领头羊"，上海一定要发挥改革开放"桥头堡"作用，比以往任何时候都更加主动地投身于长三角一体化建设工作中去，在新形势下长三角区域更高质量一体化发展上升为国家战略的大格局中，积极引领长三角区域其他三省借着新一轮深化经济体制改革的"东风"，在经济发展方面取得新的突破，并以此为契机在更大范围内、更高层次上拓展自身的各项功能。在发生新冠肺炎疫情的特殊历史时刻，上海更是要主动加压，增强引领区域经济整体发展方面的责任感与使命感，与长三角其他省市共克时艰，寻找新的经济增长点，这也是长三角区域各省

---

① 习近平：《决胜全面建成小康社会 夺取新时代中国特色社会主义伟大胜利——在中国共产党第十九次全国代表大会上的报告》，人民出版社 2017 年版，第 21—22 页。

市联手应对新冠肺炎疫情造成的全球经济困境的一项应对措施。

上海应将引领作用发挥得淋漓尽致，紧紧盯住"一体化"和"高质量"这两个关键词，进一步加大与其他三省的相互协作力度，在长三角地区主要领导人峰会的组织及参与、长三角生态绿色一体化发展示范区的建设工作、一系列经济高层论坛的举办等方面体现出主动性。要以设在上海的长三角区域合作办公室为基点，从三省一市抽调相关领域专家及工作人员，阶段性集体研讨长三角经济更高质量一体化发展的战略规划图、路线图，实施经济发展示范工程，做到目标明确、阶段清晰、路线分明，近期目标与远景目标相结合，打好有准备之战。尤其值得一提的是，在当下长三角生态绿色一体化发展示范区的建设工作中，上海要更好发挥主导作用，加快推进该示范区在产业深度合作、产业发展优势互补、制度协同创新、人力资源配备、基础设施架构等方面的引领作用，避免长三角区域一体化只是不同产业的简单叠加，要加快长三角企业联盟的建设工作，其中上海的优质企业要发挥关键作用，引导其余三省企业积极开展自主创新，尤其是要积极带动苏北、皖北地区的企业创新发展。

三、上海发挥引领作用，以科技创新的"引擎"为区域经济快速发展提供不竭动力

习近平在 2020 年考察调研安徽时重点谈到了科技创新在长三角一体化过程中的重要作用。他强调：要加大科技攻关力度，创新主动权、发展主动权必须牢牢掌握在自己手中，三省一市要集合科

技力量，聚焦集成电路、生物医药、人工智能等重点领域和关键环节，尽早取得突破。要支持一批中小微科技型企业创新发展。①的确如此，科技创新在一定程度上代表了企业发展的活力。上海要带头以大力推进 G60 科创走廊建设为契机，建立长三角科技创新城市圈、长三角高新技术开发区，发挥上海、合肥等中心城市对沿线城市的辐射作用。建立长三角高新技术开发区，使其成为区域内"中国制造"迈向"中国创造"的主阵地，发挥"窗口"示范作用，提升科技创新浓度。出台一系列政策措施，加快区域间高新技术研发及转化平台建设，从政策、资金、人员等方面对高新科技和研发型企业进行大力帮扶支持，以科技创新加速区域经济发展。加强张江、昆山、杭州、合肥等地科创基地间的交流合作，发挥区域示范效应，并对这些地方优势科创资源加以整合利用，放大其对区域经济的促进作用。加强区域内科创基地、机构与外地同类机构的联系与合作，积极开展与国际科创团队、科创基地的交流，将世界先进的科学技术转化为长三角自身发展的标杆，全力打造长三角科技发展新高地，使长三角科技创新在全球范围内发挥影响力。建立面向长三角区域的科技创新基金项目。服务、孵化长三角区域各类科创项目，提升区域的综合协同创新能力。

早在 2014 年 5 月，习近平在考察上海时就曾强调：上海要努力在推进科技创新、实施创新驱动战略方面走在全国前头、走到世

---

① 参见《习近平在扎实推进长三角一体化发展座谈会上强调 紧扣一体化和高质量抓好重点工作 推动长三角一体化发展不断取得成效》，《光明日报》2020 年 8 月 23 日。

界前列，加快向具有全球影响力的科技创新中心进军。①推进具有全球影响力的科技创新中心建设属于国家战略。国家依托上海开展全面创新改革试验，是破解制约创新驱动发展瓶颈的重要举措。作为我国建设中的国际经济、金融、贸易和航运中心，上海必须服从服务国家发展战略，牢牢把握世界科技进步大方向、全球产业变革大趋势、集聚人才大举措，努力在推进科技创新、实施创新驱动发展战略方面走在全国前头、走到世界前列，加快建设具有全球影响力的科技创新中心。上海要进一步实现创新发展，在推进科技创新中心建设上有新作为，以建设具有全球影响力科创中心为目标的张江综合性国家科学中心为突破点，紧紧咬住建设具有全球影响力的科创中心的目标定位，以全球视野、国际标准提升科创中心集中度和显示度，力争在基础科技领域作出大的创新、在关键核心技术领域取得大的突破。要通过科创中心的建设，不仅实现科技创新，而且带动制度创新、政策创新和理论创新，为改革发展提供有力支撑。上海在提升自身科技创新能力的同时，一定要发挥好主动性，引领长三角其他三省一起成为科技大省，让科技创新为长三角区域的经济发展注入更多活力。

四、上海发挥主导作用，以制度创新为长三角区域经济高质量一体化发展保驾护航

所谓"没有规矩，不成方圆"，对于持续稳定地发展长三角区

---

① 参见黄金平、龚思文：《潮涌东方——浦东开发开放 30 年》，上海人民出版社 2020 年版，第 329 页。

域的经济而言，加强体制机制建设至关重要。众所周知，2019 年
10 月召开的党的十九届四中全会特别强调制度建设，以制度作为
有力抓手来推进国家的治理能力和治理体系现代化。伴随着顶层设
计上的高度重视，我国陆续出台了一系列与长三角区域经济一体化
发展的有关政策法规，对长三角地区的整体发展起到了实质性的助
推作用。我们要不断加强对不良经济行为的监管、监察力度，尽量
防止那些对市场公平竞争产生负面效应的、试图钻法律法规空子、
只顾为自己谋取经济利益的不法经济行为。法律制度规范本身具有
权威性、强制性及庄严性的特点，当今很多社会问题的产生或恶
化，都与法律制度规范不健全、执行不到位、实施力度不够等因素
密切相关。客观地来讲，法律法规的完善需要一定的过程，制定以
后在实施过程中又容易受到诸多因素的干扰，其中有法规制度本身
存在漏洞和矛盾这样的因素，也有领导干部不作为造成的执行力度
不够，从而使法规制度形同虚设这样的情况，还存在因牵涉面广，
多个部门相互推诿造成的法规制度执行无法真正落实这样的情况，
因此，必须从上到下，层层递进、环环相扣，始终贯穿一条法规制
度红线，并加强法规制度的制定、实施与监管，时刻警惕经济违法
事件的发生。

要从法律法规、标准体系、制度安排等方面为长三角经济一体
化发展提供保障。在这方面，《长江三角洲区域一体化发展规划纲
要》和《长三角生态绿色一体化发展示范区总体方案》的编制可以
说是成功的范例，从法律法规、标准体系、制度安排等方面为长三
角区域更高质量一体化发展提供了良好的保障，充分体现了党的十

九届四中全会关于加强制度管理的主旨精神。

上海不仅是改革开放的排头兵，而且具有强化制度文明的传统，但当下针对制度供给的改革勇气、突破力度还有短板。当经济社会发展处于高速变动之中，新问题、新情况、新需求随时出现，就更要强调制度供给的及时性，必须学会抛弃旧观念、老办法。上海作为迈向卓越的全球城市的社会主义国际化大都市，要彰显功能优势、增创先发优势、打造品牌优势、厚植人才优势，不断促进整个大都市圈经济发展的有序化、有效化。上海要在改革开放上实现新作为，必须强化创新驱动、突出制度供给、扩大服务功能、创造品质生活，让完善的制度成为经济建设的有力保障，坚定不移做深、做透改革开放这篇大文章，引领长三角其他三省一起始终走在我国改革开放的前列，也促使整个长三角区域因持续不断的经济增长而充满活力。

第三章　上海发挥引领作用，加快文化一体化，建设人文长三角

　　长三角区域水路及陆路等交通设施四通八达，无论是古代还是当代，都为地方文化的繁荣发展提供了诸多便利的外部条件。文化本身是一个涵盖了艺术、人文、制度、道德、习俗等一切人类创造物的概念。长三角区域地方文化形式多样、内涵丰富、意蕴深远，对长三角区域人们价值观的影响不容小觑。在对推动社会前进的力量进行深入分析时，我们可以看到，人们的文化心理因素、社会的道德风尚都对整个社会的发展起着潜移默化的作用。此外，随着文化的不断发展，可以形成一系列文化产业和一长串的文化产业链，从而大力助推社会经济的快速发展，无论是作为文化凝固化的物质文化遗产，还是虚拟化的文化历史背景，均蕴藏着巨大的经济发展牵引力，能推动地方经济更好地、更平稳地、更长久地发展。

　　长三角区域独有的地方文化具有源远流长、底蕴深厚的特点。当我们在历史的长河中回眸该区域的前世今生时，必然会感慨于其历史积淀之深厚、精神宝藏之丰富、人文传承之精彩。长三角区域一体化发展，是基于区域文化同根同源的内在要求。在当下新时代

的历史坐标中凸显长三角三省一市文化的共同底蕴，有利于把长三角四地相近的价值理念、风俗习惯转化为支撑四地在新形势下共同繁荣、携手共进的精神力量。新形势下长三角更高质量一体化发展，要以高度重视区域文化建设，以文化为纽带，提升区域一体化水平，建设人文长三角。

第一节　长三角区域的文化特色

长三角区域文脉悠长，三省一市有着深厚的江南文化底蕴，独特的历史地理空间曾经促成文化的高度融合。书画艺术、雕刻艺术、园林建筑、文学创作等，共同创造了该地区不同时期的文化高峰。也就是说，从文化的角度来看，长三角区域历史上原本就一体化过，你中有我、我中有你，相互影响、相互吸收，促进自我品质提升。毫无疑问，共同的精神谱系有助于降低区域间的合作成本，我们要以提升文化软实力推动区域深度融合，促进人民群众对区域的认同感和归属感，建设人文长三角。

一、长三角文化具有同根性、一致性

涵盖江苏、浙江、安徽和上海三省一市的长三角地区，历史沉淀深厚，文化资源丰富，地缘人文相近相亲，为长三角文化融合发展奠定了良好的基础。长三角地区自古就拥有语言相通、习性相近、民风相随的文化亲缘关系，人文资源交织重叠，为一体化推进奠定了良好的历史文化基础。长三角文化的主要代表是吴越文化、江南文化和海派文化，三者呈现出历史的研究进程，不断丰富和发展长三角地区的文化精神。最早诞生的是吴越文化，以吴与越的地界覆盖来形容长三角文化，它的显著特色是善武而狂野，司马迁称吴为"夷蛮之吴"，然而在出土的良渚文化时期文物铸造风格来看，吴越劳动人民对雅致的追求亦是显然的，这亦解释了后期的江南文化带来的转型何以可能。对江南文化最为恰当的概括是"士族精神、书生气质"，在经历工商萌芽诞生、皇室南渡、安史之乱等经济、政治中心转移的条件下，文化的重心亦发生了偏移，江南文化开始发挥主动的影响作用。江南文化的特色不在于借助经济的繁盛、亦不是文人荟萃，而在于它对美的追求达到了诗性的层面，对人的生存价值追求不满足于享乐，而是国家责任和担当，如范仲淹"先天下之忧而忧，后天下之乐而乐"，顾炎武"天下兴亡，匹夫有责"。这一时期，独具风格的江南建筑、文采斐然的江南书生，乃至其他独具特色的艺术风格，使得江南地区成为文化传播的源头。

海派文化不是另起炉灶的文化风格，而是江南文化的新发展，也并非脱离吴越文化而存在的无根之源，而是一种长久传承而后的创新。从鸦片战争之后，上海占据了中西交流的优势区位，从而在中西文化交流碰撞之路上，成为重要空间载体，亦成为长三角地区的文化中心，但海派文化并非仅仅上海一区域之文化，而是一种复杂的多城市的文化互动的结果，呈现了长三角地区的文化特色。海派文化自身亦是不断发展的产物，这表现在从全盘接收到以我为主、为我所用。在最初的传播过程中，西方文化是作为与本土文化相对立的文化状态存在，大多数人对中西文化的态度是非此即彼，然而经历后期的发展后，发挥固有的江南文化特色，在此基础上吸纳有利于长三角地区发展的西方文化因素，在溯源通流后，海派文化反而得到更大的发展空间，经济实干与文化灵动并存，得到蓬勃新生。

二、长三角文化具有开放性、兼容性的区位优势

长三角区域在地理区位上具有显著优势。交通设施的四通八达，为区域文化融合提供了便利交通条件。而长三角各地之间频繁的互动，则有助于共同文化与价值观念的形成。在马克思那里，文化被看作生产力发展的产物，并与一定的经济社会相联系，作为适应不同历史阶段的经济基础的反映。文化就其本质来说具有继承性，是奠定在既定的文化基础上的，必然遵从一定的历史文化发展轨迹与趋向，而非天马行空地靠主观设想历史①。文化的延续发展是在前人的基础上不断更新，这种更新是需要一定积淀和条件的，是积极扬弃前人的经验结合本时代的特点和实践要求，在不断凝练中发展出本时代的"魂"，这就是马克思所说的"本时代的精华"。对此，恩格斯提出，作为时代精神的哲学，在其特定历史阶段的发

---

① 参见《马克思恩格斯文集》第 2 卷，人民出版社 2009 年版，第 470—471 页。

展都是由前辈们的"思想资料"作为起点。①此外,马克思主义经典作家也对此观点进行多次强调和论证,充分说明文化发展非无根之木、无水之源,需要立足于文化积淀去实现文化发展。习近平对优秀传统文化的重视正是基于此观点的产物。

各具特色的文化产业发展,为区域文化融合提供了物质载体。在长三角区域内,依托较为完善和活跃的经济,以上海为龙头,以音乐产业、电子游戏业、影视产业、旅游业为主体,初步形成了一个流动的区域文化大市场。这些文化产业背后蕴含着该地区传统文化因子。伴随着文化产品的消费,文化融合也在潜移默化进行。总体来说,由于人们的行为受一定观念、意识和心理状态的支配,文化产业正是通过影响人们的价值观念和习俗传统进而作用于人们的行为。

三、长三角文化具有认同性、经济性功能

长三角文化对人们的价值观的影响,亦是一个不可否认的命题。在将社会的前进力量的因素拆解分析时,人们的文化心理因素、社会的道德制度环境都对整个社会的发展起着潜移默化的作用。无论是满足社会公开道德审视,还是为了提供社会总体向心力,重视文化的认同功能都是实现文化的作用力的重要引擎。在文化的认同层面,马克思谈文化从不局限于"文化"一词本身,而是注重从人的角度揭示文化,有学者称马克思的文化观为"人学的文

---

① 参见《马克思恩格斯选集》第 4 卷,人民出版社 2012 年版,第 612 页。

化观"，认为马克思的文化观主要包括人化自然和人自然化两部分。人在自然发展过程中与后者的交互作用搭建起整个人类历史文化。人既通过劳动来获得生活资料，还制造了生产工具改造了自然，同时又在改造自然的过程中成为自然的一部分，并发展成人类文化史。按照马克思的理解，人的出现、发展、异化过程就是一部历史发展的史书，也是人类文化产生发展的过程，正是对人的社会关系和自然关系的辩证分析，才认识到必须对黑格尔的意识社会进行批判，从而将人类社会拽回现实，演变为科学的唯物史观。①马克思主义文化观作为对人类历史文化的继承与发展的探讨，表明其是建立在人的认识及实践之上的。马克思主义将人作为"现实"的人而非"抽象"的人，人是现实中的作为类存在物的人，是物质交往和实践交往中的人。在文化的认同层面，历史传承的文化亦是人的群居性、社会性的根源。文化对坚定社会生产关系，促进生产力的向前发展亦具有积极作用。

以文化推动经济是一种更持久的力量。文化的经济功能主要体现在文化产业对经济的直接贡献及文化对科技的影响。文化旅游业的发展如火如荼，如何赋予景观以文化内涵，是拉动局部地区旅游业昌盛的重要内容。长三角地区文化成果硕果累累，历史文化底蕴丰厚，在服务业日益超越第一、第二产业成为经济发展的先锋时，重视文化的经济功能就更具有现实的经济效益。同时，在党中央提

---

① 参见赵景来：《马克思主义哲学的当代阐释》，人民出版社 2019 年版，第526 页。

倡的绿色发展理念下，发展文化产业更是不二之选，以文化促经济的道路不仅可行，更是能拉动经济增长的一条重要牵引带。文化产业的发展不仅仅是点与点的空间布局，更是一种网格化布局，以不同的文化旅游产业交错相应，拉动邻近地区的交通运输业、建筑业、服务业的总体发展，从而有助于进一步巩固各个领域所取得的一系列成果，更好地带动长三角地区的经济发展。

此外，文化对经济的影响还表现在其对科技的贡献，如高校、科研机构等高等文化人才聚集的场所，亦是新技术、新的生产力诞生的母体，文化的进步，代表着生产力的提高，代表着人对自然规律的更高层次的认知和利用，体现了理论对实践的指引作用。长三角地区分布有大量的高等院校及科研院所，先进设备齐全，人力资本丰厚，从而对生产力的提升产生重要的正面作用。

第二节　新时代建设人文长三角的制约因素

新时代从文化的角度来加强长三角更高质量一体化发展，主要存在以下一系列制约因素：

一、长三角各地文化价值观有所差异，区域文化一体化意识仍然不够强

虽然长三角的文化在历史上原本是一体的，但是受行政区域划

分影响和三省一市在风俗习惯及价值理念层面的差异，目前区域对于文化一体化的认同感仍旧不强，还是存在三省一市各自为营的情况。在长三角区域文化中涵盖着吴越文化、海派文化等若干亚文化。这些亚文化有相似与相通之处，但是彼此间具有差异性，这种差异性导致区域文化间形成矛盾，其协调整合能力仍有待加强。社会发展是推动文化前进的重要力量，不同的价值理念之间，虽然会有差异和悬殊，然而用理论来指导实践时，却往往会产生异曲同工之妙，长三角地区的文化力量尤为如此，只有付诸实践方能得到检验。

仅仅将理论的正确性评判标准归之于与文本材料的符合程度，是一种主观唯心的行为。文化的差异性也必然会在文化的指引力量发挥效用时得到统一，不断凝练。仅仅将文化的差异简单的融合，而不结合实践去理解和深刻思考，那也仅仅是一种主观唯心的思维运动，我们不可满足于精神活动的实践，而更应结合实践发展的需求，让文化更好地服务于人的精神需求。通过凝练的精神本质来指引长三角地区协同发展，更具凝聚力和方向性。众所周知，实践是检验真理的唯一标准，中国共产党历来重视实事求是的态度，理论与实践紧密结合才能促进各自的发展。

二、长三角各个省市之间及省份内部的文化产业发展水平存在较大的非均等性

促进长三角三省一市文化一体化发展，必须要尽量做到各地在原有基础上的协同发展。同时，经济一体化水平也影响和制约着区

域文化。长三角不同区域经济影响和决定着区域文化的结构、类型、性质。同时，随着经济的发展以及城镇化的不断推进，居民对文化建设和发展有着越来越强烈的需求，不仅需要社会提供丰富的文化产品和服务，也对文化建设的均等性有迫切的需求。特别是在公共设施与服务、文化政策与支持方面，均等性的要求更加强烈。例如，长三角地区红色文化尚未整合为有机统一体，呈现出发展不均衡状态。长三角三省一市具有悠久的革命传统、一脉相传的红色革命文化，各地至今仍保留完整的众多红色革命遗迹，长久以来一直流传着各种各样的红色革命故事，红色资源较为充足。

回顾历史，作为中国共产党诞生地的上海曾多次召开包括中共一大在内的党的重要会议，红色血脉早已成为融入上海。浙江作为革命的摇篮，"红船精神"已经成为该省的重要红色因子。此外，江苏曾是解放战争时期重大战役的爆发地，安徽的金寨养育了众多革命英烈。我们在通过对中宣部挂牌的 55 个爱国主义教育基地调研走访中发现，三省一市的红色文化资源发展相对不均衡，还没有形成高度协同、一体化发展的态势，长三角红色文化路线设计、红色文化产品的传播等方面仍然不足，很大一部分红色革命旧址比较分散，难以形成足够的规模，另外也缺乏对三省一市革命文化之间的关系进行的系统梳理，没有形成有机统一体。

三、长三角各省市受不同文化交集推动发展的程度更深

长三角区域是全国开放程度高、改革创新日新月异的代表性区

域，由于独特的地理位置和发展优势，汇聚了大量的青年才俊，很多年轻人具有海外学习的经历。该地区在开放发展之中受到了外来文化的影响。不同文化之间的交织既推动着当地文化的深度发展，也影响着当地文化的深度整合。如何应对他国的文化霸权行为，需要对中华传统文化与西方现代文明的融合进行思考，在肯定传统文化地位的基础上，对西方文化要坚持"为我所用"，对传统文化要坚持"古为今用、推陈出新"，充分发挥文化的民族性特点，以民族文化的繁荣发展作为增强国际地位、维护国家文化安全的重要举措。从中国化马克思主义文化观的历史演进过程，可以清楚地发现习近平对待优秀民族文化态度的理论渊源。

在实现中华民族伟大复兴与社会主义现代化强国奋斗目标的时代背景下，习近平利用中华传统文化精华，汲取古人智慧来回答现实处境下的矛盾与问题，这是对中国化马克思主义文化观的继承与发展，更是对"历史虚无主义"和"文化复古主义"的直接否定。社会主义核心价值观是群众参加社会实践的价值导向。中华民族历经几千年而依然屹立于世界民族之林，并非时代运气使然，激昂向上的民族精神和中华儿女不屈的精神意志，是重要的支撑。在新时代的网络空间中，各种社会思潮激烈争锋，西方普世价值企图渗透青年一代，意图侵占当代青年的思想领域，达到其对社会主义核心价值观攻击的目的。在这危机更具隐蔽性的时候，需要我们更加坚定地坚守社会主义核心价值观，从思想上武装头脑，拥护党的路线、方针，坚定走中国特色社会主义道路，增强中华儿女与外国的文化霸权和经济霸权、政治霸权不屈不挠进行斗争的意志。

四、长三角地区网络信息技术发达，网络空间监管更为困难

首先，网络空间的开放性导致多元社会思潮冲击主流话语。对党和政府领导下的主流媒体来说，如何在新舆论场下重塑主流话语面临超越了以往的掌控难度，党和政府所处的舆论环境日益纷繁复杂。网络技术的发展彻底改变了个体之间的交往模式，人与人之间的互动可以跨越地域限制，在网络空间中以虚拟形象自由陈述观点，表达思想，实现与陌生人的平等交流互动，并实现了哈贝马斯"主体间性视域下"的交往。一方面，新媒介为个体之间的平等交往创造了条件，为网络个体的自我呈现提供平台，另一方面也导致网络空间出现代表不同利益团体、社会阶层、价值观念的话语主体之间激烈的交锋，弱化了主流话语对网络舆论的引导能力，新媒介环境下话语主体多元化、话语内容自由化消解了传统媒介下主流话语传播的单向性，对党和政府的执政能力带来严峻考验。

其次，话语媒体缺乏监管。传统媒介下，党和政府领导下的主流媒体把握社会舆论的导向，而新媒介环境下，作为话语媒体的各视听内容平台以及作为重要传播途径的自媒体平台缺少有效的监管，缺乏社会责任意识，容易造成负面视听内容出现于新媒介舆论场，造成西方邪恶势力与各种低俗趣味倾向的负面话语内容侵蚀了网络空间，给主流话语主体引导网络话语舆论带来重重阻碍。

再次，主流话语主体根深蒂固的体制机制容易形成话语惯性，约束了主流话语占领舆论新场地的能力。面对新媒介下复杂多变的舆论环境，其话语惯性约束了主流话语在新场域下的发展。由于以

往环境下主流媒体习惯自说自话，给自己划定"禁区"，当网络空间曝光突发事件、敏感话题时，习惯保持沉默"不敢发声"，导致主流话语在新媒介环境下"缺场"。①同时，主流话语主体缺乏网络话语创新能力，他们习惯于传统的思维方式，面对新媒介下全新的话语环境，敢于冒险创新话语传播方式的少之又少，对网络话语关注度不够、自身网络素养不高，导致主流话语于新媒介环境下失声，对网络受众的影响力、权威性下降。

最后，话语对象的媒介素养不高，无法辨析参差不齐的网络视听内容。网络空间的各种价值观与主流话语共存形成复杂的舆论场。而网络群体的文化素质参差不齐，各种社会思潮以及西方普世价值的舆论淹没了网络空间，促使当代网络个体对事物形成片面的、粗陋的认知，这种看似解放人性、注重人权的思想，其实往往包裹着西方的话语霸权。②根据皮亚杰的认知发展理论，在旧的认知图式不能同化新的知识结构时，认知主体往往抛弃原来的知识结构转而信奉新的图式。在网络空间社会思潮勃发的条件下，青年在接收新的价值体系并与旧的认知发生冲突时，往往会转而信奉流行的社会思潮，如 20 世纪的"萨特热"现象，青年容易被新的价值体系吸引，追求彰显主体性，呈现与众不同的个性，往往借助网络新媒介结成独特圈子，共同信奉非主流话语，忽视事物的本真性妄图"创造"真理，沉迷于小众话语而随意忽视主流话语。同时，面

①　参见邓崴：《党报话语权：重在创新理念》，《新闻实践》2013 年第 2 期。

②　参见侯惠勤：《意识形态的变革与话语权——再论马克思主义在当代的话语权》，《马克思主义研究》2006 年第 1 期。

对快节奏的生活压力，网络个体的心理认知易产生歧变。在现实中无法排解的情绪压力，会通过网络来进行宣泄，通过肆意传播各种负面消极内容，在网络环境下寻求现实世界无法实现的"刺激"与报复，崇尚低俗暴力以及恶意言论，抱着肆意畅言而不用负责的态度污染网络生态环境，发布诋毁党和政府领导下的主流话语，这是缺乏媒介素养的表现，亟须采取措施予以规范。

第三节　上海发挥引领作用，加快文化一体化，建设人文长三角的重大举措

在长三角一体化上升为国家战略的前提下，长三角三省一市要在原有良好人文素养的基础上，进一步推动地区文化的高质量、整体性发展，在此过程中，上海要发挥引领作用，与其他三省携手合作，采取一系列重大措施，更好地建设一个富有浓郁文化气息的人文长三角。

一、充分发挥上海的引领作用

理论及政策的最终目的是指导社会实践。理论的学习是为了解决实践的问题，人是一种社会动物，正是历史经验的传承才会拥有对于客观世界的"先验知识"。习近平曾对上海的文化精神作出过概括。上海作为国际大都市的定位，不可能单打独斗，也不可能囊

括全部对外开放带来的利益，必然要纳入长三角区域一体化的国家蓝图，将上海作为长三角区域一体化发展的龙头，需要充分发挥上海的"海纳百川，追求卓越"的卓越精神，还需做到"开明睿智，大气谦和"的文化兼收并蓄精神，从而打造上海的高容纳力、高姿态的城市面容。在长三角一体化中起龙头带动作用的上海，其发展经验以及文化底蕴无疑会给其他城市政治、经济、文化等各方面发展提供一种对于现实实践的指导。近代以来，长三角的产业分工始终围绕上海展开，因此，上海在长三角一体化中产业群配置的引领作用不可小觑。

目前，上海正按照经济建设、政治建设、文化建设、社会建设以及生态文明建设"五位一体"总体布局发展推进。要明确上海国际经济、金融、贸易、航运和科技创新"五个中心"的重要地位，形成四大品牌：上海服务，上海制造，上海购物，上海文化。其中，上海文化内涵丰富，又被称为"海派文化"，是上海开埠以来逐渐形成的独具特色的城市文明景观。针对现阶段上海文化的辐射力不足的问题，上海在文化辐射能力上将着力增强服务长三角、长江流域、全国直至全球。推动长三角一体化发展，是习近平亲自谋划、亲自部署、亲自推动的重大战略。这一重要举措来源于历史经验，同样也是一种理论创新。而理论的任何进步都是与各个不同时期社会现实的矛盾问题的解决相关联。正如列宁所说，主观的想法不是天外来物，而是"客观世界"的刺激性产物。①纵观长三角空

---

① 参见列宁：《哲学笔记》，人民出版社 1993 年版，第 159 页。

间布局，以政治经济发展最为成熟的上海为中心，辐射周围具有发展潜力的南京、无锡、常州、苏州、南通等地，抓住文化与经济地域特色，带动长三角地区绿色高质量发展。

公共文化服务是一个城市长久的文化输出形式。通过对长三角地区公共文化服务的资源统筹与质量提升，能提升整体的文化熏陶效能。作为主要的服务项目，博物馆、文化馆、图书馆三者的水平提升是首当其冲的，亦是展现城市文化的重要途径。三者之间的相互交流、相互服务、相互融合有利于推动公共文化服务的完善。三者不仅是城市文化向外界输出的重要载体，更是城市文化传承与重塑的重要途径，是城市居民提高文化生活的保障。博物馆、文化馆、图书馆代表着城市文化的象征，更是宣传长三角地区文化特色的重要输出渠道，增设长三角地区不同城市形式上独具特色、内容却具有一脉相承特色的展览物，重新规划三馆的功能区，以展览物的文化价值内蕴，实现视觉直观、精神共鸣、印象深刻的长三角文化底蕴展览。以长三角地区文化的共通性、时代性原则为指引，将反映同一文化主题的书籍、文物、艺术作品实现立体化的空间摆放，重构文化宣传空间布局，实现主题文化的立体化呈现，来引导群众主动汲取长三角独特的地域文化，实现统筹长三角的地域文化。同时，完善线上数据资源的搭建，如电子书阅览租借，3D博物馆展览，文艺会展在线报名等网络平台，将文化宣传、文艺活动举办与网络技术相结合，既达到更广泛的传播长三角文化的目的，融入群众日常生活，又实现传播便捷化、高效化，彰显高质量的行政效率。

实际上，在文化体育交流方面，上海已经发挥了一定的带头作用，积极促进长三角区域的一体化发展。2018 年，上海、江苏、浙江、安徽联合宣布在上海启动"长三角地区国家公共文化服务体系示范区"合作机制。该机制以公共文化服务建设为主体，实现开展考察交流、重要项目合作，促进具有区域特色的文化资源、旅游资源的开放与共享，实现长三角公共文化一体化发展。同年，江苏、浙江、安徽和上海体育学院签订《长三角地区体育产业协作协议（2018—2020 年）》，计划实行 22 项体育产业一体化项目，包括发展体育特色小镇、打造国家体育产业基地等，并促进体育用品制造业的升级。在旅游方面，长三角地区互动频繁，通过增设主题乐园等，发展文化生产力，吸引了如常州恐龙乐园、华强方特、华侨城集团、万达集团等 11 家品牌入驻。由于长三角地区江南文化特色鲜明，旅游资源互补性强，居民旅游往来频繁，互为重要的旅游客源地、旅游目的地，因而具有区域旅游合作的基础。自 2018 年起，为实现旅游一体化，长三角区域内先后举办旅游推介活动，同时签署合作协议，加强跨区域旅游的资源共享与游客互送。

在区域均衡推进层面，作为龙头城市的上海，应注重对文化发展后进地区进行政策倾斜并提供财力支持，同时强化省市交流与支持。按照创新、协调、绿色、开放、共享的文化发展理念要求，组织编制长三角地区文化市场一体化行动纲要，加强长三角地区文化政策与财政、货币、投资等政策的协调配合。推动成立长三角文化创新研究联盟和文化产业发展联盟，搭建长三角文化资源数据平台。划分不同文化市场功能区，推动各地建立不同层级文化产品市场、服务市场和要素市场。一方面，在争取国家财政支持的同时，鼓励社会资本投资文化产业，在文化产业的准入条件、税收优惠等方面制定相关政策，从而优先发展上海市的文化产业，壮大文化产业的创造力、能动力；另一方面，通过探索建立文化发展联盟等形式，积极搭线促进双方或多方在人才交流、文化资源共享、智能技术应用方面的交流合作，从而以点带面推广，最终带动有丰富文化资源但囿于资金、技术、宣传等限制的地区（尤其是农村地区）或文化资源本身相对不足的地区，通过整合与共享文化资源的方式形成文化资源联盟共享区，推动区域文化合作规范化、经常化。

发挥上海的人力资源龙头优势，上海作为国际化大都市，本身集聚了诸多领域的全方面的人才，对于长三角地区的文化建设而言，人才上的优势能够整体提高城市的文明程度，推动长三角地区的各项福利待遇一体化，可以推动高校、科研机构、企业等人力资源在不同城市间的流动，搭建线上互动平台，推动长三角地区不同城市的人才透明化、公开化的交流互动，以文化产业创新为主体，以网络空间为载体，以国家的政策扶持为动力，来优化创新环境，强化跨空间的线上的合作，加快构建文化创新中心、文化创新成果中心、人才汇聚中心、文化产品多平台交易中心，来形成完整的以丰富的人力资源为基础的文化发展之路。在加大对文化先进产业扶持力度的基础上，支持和鼓励文化产业以文化创新为准绳，开展与不同科研院校的广泛交流与合作，从而提升文化品牌的底蕴与感染力。

要充分发挥上海文化产业龙头的作用，提升配套的服务质量、多媒体技术、空间布局标准，并打造创新型文化产业集群，做好文化产业创新的人才补给，提升城市整体文化素质，拉大消费群体的文化需求，塑造优质文化产品终端服务，强化文化产品对主流价值影响力的测评，使得文化产业创新产权化、文化创新成果市场化、文化从业人员专业化、文化产品展览网络化，全力发展文化产业的创新能力和水平，发挥文化、科技、经济、社会等方面的组合优势，依靠优质的文化创新人才，提供高质量的文化服务。发挥上海科技创新人才荟萃的优势，充分利用众创空间等功能性平台，打造文化产业高密度空间聚集群，建设高水平的多媒体应用技术大学，培养推动优秀文化内容形式更新的中坚力量，聚焦现代化、形象化、故事化、技术化等多方面创新因素的结合。建立契合创新发展的政府管理制度、科技成果奖励政策、人才发展规划、知识产权保护制度、跨空间合作机制、融资机制，在工资待遇、产业扶持、社会身份等方面给科创人才提供制度优势，充分发挥科创人才的创新优势。应降低文化产业审批门槛，在资质审查、项目可行性方面减少审批事项，从而推动新业态、新产业的发展。降低博物馆、文化馆、科技馆等公共服务机构的采购门槛，扩大对科创性文化创新产品及产业设备的采购力度，扩展文化产品的市场空间。协调文化产业创新的体制机制，构建完整的文化产品创新体系，提供高质量的文化产品输出，为长三角地区提供成熟的文化产业发展路径及人才服务。

二、发挥地域文化的魅力，走向全球

在区域文化内涵层面，深度挖掘长三角区域现有文化资源的深刻内涵，塑造区域文化核心理念与特色品牌，共同打响江南文化品牌。对长三角区域传统文化资源进行全面、系统梳理，并对可利用的其他文化生产要素进行整合。挖掘各地特色品牌，展开良性错位竞争、强调整体最优的协调发展。长三角一体化区域各地独有的文化特色项目，也应在长三角区域层面得到重点扶持和发展，推动形成最大限度利用自然禀赋优势、展开错位竞争、强调整体最优的发展势头。调整结构，进一步制订切实可行的发展规划，加大布局结构调整力度，形成浙苏皖沪错位发展的互补格局，破除藩篱。在打造统一的江南文化品牌过程中，要注重发扬开放、包容、创新、合作的精神。借助有效的制度设计，将长三角地区各省市紧密联系起来，形成资源互补、协同创新的合作机制，凝聚并引领周边文化共同发展，实现文化共享，进而辐射全国、影响世界，彰显江南文化的博大胸襟和开阔视野。

进一步构建文化保护与传承机制，推进红色文化整体性研究传承机制。一方面，推动文化遗产保护与传承，实行创造性转化。可以考虑率先建立长三角区域"非遗"传承保护理论研究平台，以研究带动整个区域"非遗"工作机制的建设，并推动"非遗"工作向纵深发展。建议首先力推非物质文化遗产项目生产性保护，提高脱离濒危状态的保护能力。从某种意义说，"非遗"的迁徙保护、传承人的壮大繁衍是进步的、积极的，不为本土一地一人所困，更不为原生态颓废所困，让差异性的保护与传承成为创造性转化、创新性发展的互鉴互用，使传统文化走向更有价值、更为震撼的时尚魅力、高端品质的文化之作。另一方面，建议整合力量着重加强长三角的红色文化、革命精神和改革精神的研究，这对推动长三角区域文化发展具有重要意义，也是实施长三角一体化发展的最直接的精神力量。革命遗迹、爱国主义教育基地等，是红色文化的重要载体，建议积极搭建各级各类红色文化基地联盟等载体，在整合力量中开展整体性研究，同时注重其中蕴含的丰富思想政治教育资源的开发，积极营造良好的红色文化学习氛围。此外，要提供以文化融合促进长三角更高质量一体化发展的机制性保障，包括构建长三角文化一体化认同机制、建立健全长三角文化一体化协调机制等。在区域文化治理层面，要打通三省一市制度阻隔，制定促进长三角地区文化协调发展的法规制度，健全区域文化政策制定、实施、监督、评价机制。

在区域文化认同层面，强化文化融通教育，构建区域文化的价值认同体系，进一步促进区域亚文化之间的理解、包容及认同，明晰区域统一的文化价值体系。基于区域一体化的角度，在文化层面建议从两方面入手：一方面，促进文化的融合。苏浙皖沪四地政府为了实现更好的发展，各地都在相互学习对方的优秀文化，这在客观上有助于区域文化融合。另一方面，强化合作与开放的理念。以我为中心的"独赢思维"成为阻碍区域一体化的思想障碍。只有区域成员主体树立开放合作的理念，才能跳出行政区划的"刚性"圈子，关注区域公共问题的治理并主动融入区域一体化进程中。在具体文化教育和交流层面，一方面，建议三省一市积极推广浙江经验，建设乡村文化礼堂，做到"一村一礼堂"，在介绍当地文化的同时将江南文化作为重点内容进行介绍，强化江南文化的教育；另一方面，建议通过民间文化交流来推动文化集聚与融合。应当通过组织文化交流活动、举办文化展览、进行互派等形式，加强长三角地区居民对于地区文化同源性的认识和感受，增强对不同文化的理解和包容，尽可能消解目前存在的文化差异和文化摩擦，为长三角地区真正实现一体化建立良好的文化融合的基础。

在文化产品供给层面，在错位发展的基础上，增加区域间文化产品的互补性和协同性，构建长三角文化一体化市场公共服务平台。服务平台是区域文化资源配置与整合的重要载体，一方面要通过合作，建立健全区域文化市场的资源配置中心。通过资源的统一协调，将文化资源的损耗与重生控制在合理的水平；另一方面，建议进一步完善文化市场领域的信息开发平台，组建一个以政府、文化企业、市场研究机构和跨区域协会四类群体为服务主体的长三角文化市场公共信息平台，更好促进区域文化领域主体间的互动互联。在文化产业发展层面，在区域整体规划、一体化发展的基础上，统筹各地特色文化产业培育与发展，构建长三角文化产品生产、流通、营销等三个市场网络体系，实现长三角地区文化市场一体化。因此，建立科学合理的区域文化市场，各地应以产业分工的视角来制定地方性文化产业发展战略和规划，使局部性文化产业规划与区域整体性文化市场一体化规划有机衔接。进一步发挥资源文化市场累积效应和扩散效应，加强文化市场一体化制度设计，推动各地建立不同层级文化产品市场、服务市场和要素市场，扩大文化市场空间和规模。为此，应进一步鼓励长三角文化机构积极参与市场竞争与合作，在共同利益的基础上结成伙伴合作关系，然后走向重组改造，组建具备参与国内外竞争力的文化产业集团。可以通过强化长三角一体化区域的资源整合来推进文化生产要素的市场化、统一化配置。

应尽可能统一文化市场，努力营造开放、规范的市场环境，为市场机制充分发挥作用创造条件。必须打破信息封闭，推进信息公开、透明，强化信息资源互通共享。要借助地缘相近的区域优势，将旅游资源高度集中，打通文脉，依据长三角区域一体化发展的国家战略，建设多城市各具特色的多元化文旅平台，通过借鉴相互之间的经验，联合周边城市，提供更高质量的旅游公共服务，并结合先进技术手段，发展虚拟与现实、日游与夜景、船游与陆游等独具特色的长三角旅游特色，构建完善的交通体系、丰富的旅居环境、高质量的旅游景区及一体化的旅游综合服务，打造长三角良性生态文化旅游环境，充分发挥长三角区域绿色旅游资源集中的优势。要深挖长三角地区的文化底蕴，发挥区位旅游优势，秉承城市的历史文化特色。需更新城市的外貌板块，将住宅外观、街道布局、商业门铺等空间呈现与旅游文化相结合，深挖城市文化底蕴，并外显于形，从而实现长三角城市空间的重塑，增加区域文化的丰富感染力与影响力，提升旅游特色。鼓励旅游文化的创新性继承，通过资本、财政双重力量的推动，发挥区域聚集优势，鼓励各种文旅产业发挥文创优势，结合各种文化表现形式及多媒体技术，将传承技艺、非物质文化遗产、人文情怀现实化，赋予其外在包装形式，以人民群众喜闻乐见的形式直观地呈现出来，培育文创企业集群，发挥竞争优势，激发文化创造性发展的活力、动力，为长三角文化旅游提供源源不绝的新鲜素材。就文化产品的供给而言，要在区域均衡推进层面，注重对文化发展后进地区进行政策倾斜并提供财力支持，同时强化不同省市间的交流与合作。

三、发挥传统文化的同根并联作用

作为对待传统文化的科学态度，习近平传统文化观利用优秀传统文化解读当代问题，强调社会主义核心价值观是中华优秀传统文化的当代展现，呈现了传统文化的时代性，实现了中华文化贯通古今、融通中外的态势，对中华优秀传统文化的内外传播发挥了重要作用。习近平指出，我们要以科学的态度对待传统文化，坚持本真才能展望未来，立足我国文化根本才能实现创新，同时也提出了对待传统文化的指导性意见，要获取传统文化的精髓且加以颂扬传承，努力争取创造性的"转化""发展"，不能固步自封，要用世界的眼光看问题。①

第一，要坚持马克思主义文化观的精神指引作用。只有在坚持马克思主义文化观精髓的基础上，推动中国化马克思主义文化观的创新，坚持以习近平新时代中国特色社会主义思想关于文化的重要论述来发展新时代马克思主义中国化道路，才能促进社会主义文明的飞速升跃。

---

① 参见中共中央宣传部：《习近平总书记系列重要讲话读本》，学习出版社2016年版，第201—203页。

第二，中华传统文化是中华民族发展的精神命脉，我们要以思辨的态度公正而科学地解析传统文化，既不能全面抛弃或全面接收，也不能厚古薄今或厚今薄古，要以辩证唯物主义和历史唯物主义的观点看待传统文化，传承和弘扬中华优秀传统文化，发现历史典籍的思想精华，理清先人道德文化思想的脉络和走向，弘扬传统文化精华和传承几千年的历史精粹。

第三，实现创造性转化和创新性发展，根据时代的特点，实现对传统文化内容和形式的"更新"，体现当今世界的现代性和时代性特征，且根据现实需要，实现对传统文化精华的广延性和时效性补足。① "苟日新，日日新，再日新"，创新精神古已有之，我们在继承优秀传统文化的同时，也不能忽视用当代精神、当代表现形式和当代话语方式进行创新。

第四，我们要树立世界眼光，立足传统，面向世界。我们生活在全球化时代，网络使地球成为一个"地球村"，要树立命运共同体意识，在继承和发扬优秀传统文化的同时，着眼世界，从世界各民族的优秀文化中汲取营养，吸收转化成为中华文明的一部分。在恩格斯看来，文化先进程度并不取决于国家的经济实力。文化产生于特定的物质基础条件下，但是和社会生产力水平发展不同步，或者是优先于社会实践水平，在历史长河中熠熠生辉，或者是落后于社会生产，阻碍生产活动的发展。历史条件下

---

① 参见中共中央宣传部：《习近平总书记系列重要讲话读本》，学习出版社2016年版，第201—203页。

的生产力水平会限制人的认识能力，然而历史本身是具有其发展规律的，人往往能通过高度的归纳性等理性特征来概括出一定的历史发展规律。如"国虽大，好战必亡""民为邦本"等具有哲学高度的文化理念，即不因封建时代落后的小农耕作方式而阻碍其思想之光辉，对当代中国的内政外交仍具有重要的理论指导意义，不会因为时代改变而变成历史的糟粕、一文不值。习近平传统文化观的提出之所以对当代中国的现代化建设发挥着理论指导意义，就在于具有相对独立性的历史长河中的先进文化对社会实践仍具有指导作用。

第五，要以江南文化为底蕴，海派文化为亮点，采取一系列重要措施，建设人文长三角。具体包括：一是加快江南文化博物馆及江南文化产业园建设，传承优秀的江南文化，以独特的地域文化吸引海内外英才加盟长三角区域建设，有效发挥江南文化在全国的辐射作用；二是凸显海派文化开放、包容、勇立潮头、注重创新的特色，引导苏浙皖三省借鉴海派文化"海纳百川"的特长，处理好本地文化与外来文化、本国文化与外国文化之间的关系；三是积极发挥乡村文化礼堂的作用，做到"一村一礼堂"，在介绍当地文化的同时将江南文化作为重点内容进行介绍；四是每年以多种形式举办苏浙皖沪文化艺术节，加强长三角区域不同地方文化间的交流，并定期举办长三角国际文化产业博览会，使长三角文化企业打破地域限制，呈现文化＋的蓬勃态势；五是三省一市共同开发彰显地方特色的旅游文化市场，将上海的都市文化、浙江的红色革命文化、江苏的水乡文化、安徽的历史文化等结合起来，打造长三角旅游文化新品牌，以文化繁荣促进区域经济发展。

四、健全长三角文化治理协调机制

建立健全长三角文化一体化协调机制。目前长三角区域合作办公室已组建，人员到位。要充分发挥各地长三角区域合作办公室功能，研究制定长三角文化协同发展战略规划，协调推进区域合作中的重要事项和重大项目，开展协同创新路径，推动改革试点经验复制共享等研究。要在总体统一筹划的基础上，适时出台相关政策鼓励各基层组织开展创新探索，支持各级政府发挥积极性和主动性，探索建立更多的、类似于上海市长宁区发起的长三角地区国家公共文化服务体系示范区（项目）合作机制等。建议可考虑以长三角区域合作基金为抓手，调动各方积极性，推动跨区域重大工程项目推进。同时，由于文化具有高度的民间性和自主性，建议要基于成本共担与利益共享的市场基础；建立政府间沟通合作机制、建立推动市场层面的企业合作和公众层面的民间交流的合作机制来开展政府合作的顶层设计，让官方协调机制与半官方协调机制共同发挥作用。

构建长三角文化一体化认同机制。推进长三角更高质量一体化发展进程，首先要在价值认同上搁置乃至弱化区域间的文化差异。与经济欠发达地区相比，长三角雄厚的经济实力为区域文化建设提供了坚实的物质基础。与其他经济和文化协调发展水平较低的区域相比，聚集着世界一流文化人才和团队的长三角，拥有其他地区不具备的视野和优势。江南文化是长三角共同的传统文化资源。通过江南文化纽带的联通融通，有助于打破影响一体化合作的藩篱，让长三角城市群走向以生态、文化和生活质量作为评判标准和发展目标的"文化型城市群"，成功打造"长三角文化一体化发展示范区"。文化服务一体化不仅需要顶层设计，而且需要培植民意基础。否则，好多想法、规划编制、方案出台就会遇到阻力，难以形成合力。要加强长三角文明进程中历史观、全局观的智力支撑，结合多年来的考古成果和文化谱系研究，深化长三角文化的主干和分支的内涵认知，同时普及吴越文化的历史地理教育，为一体化的文化服务规划产生更为宏观、易于迸发、关照需求、促进开放的格局、视野，并寻找到指导实践的抓手。

在区域文化治理层面，应打通三省一市制度阻隔，研究促进长三角地区文化协调发展的法规制度，健全区域文化政策制定、实施、监督、评价机制。基于一体化的思考，区域制度文化层面的建设，建议进一步加强有关合作与一体化规章制度的完善。在完善区域文化合作的信誉管理体系方面，建议建立健全"长三角区域经济圈信用管理中心"，对各区域成员展开资信评级、信用调查、惩罚与处置等事项管理，构建开放有序的区域文化市场体系，完善长三角地区文化市场准入和退出机制。通过诚信数据的收集与公布，从而尽可能减少因信息不对称而造成各成员主体间的矛盾冲突，实现跨行政区经济的逐步融合。探索建立跨区域文化市场联合综合行政执法机制，依托上海、杭州、合肥、宁波等地知识产权法庭，加强文化知识版权保护。

五、把握好网络空间的风向正确性

网络空间的驳杂话语内容对公众的媒介素养提出新的时代要求，针对当下短视频等新媒介流行的情况，培养公众的媒介素养已势在必行。首先，应当培养公众形成对网络空间的虚拟性正确的认知。对视频素材的各种技术性处理，已经使网络视听内容丧失了"所见即所得"的客观性、真实性。如"东方明珠渡雷劫"等混淆网络个体视听的短视频内容，实则是依靠技术手段创制的游戏宣传视频。其次，应当培养公众运用搜索引擎进行筛选、鉴别、提取信息的能力。提高公众利用网络识别虚假信息的能力，网络空间拥有海量信息，其中不乏信息源的出处、辟谣与专业人士的佐证观点，要学会利用这些内容去辨析网络空间中的驳杂内容，对信息进行追根溯源和整理重组，从而提高在海量视听内容中提取真实信息的能力。再次，要帮助公众了解短视频等新媒介的传播模式，以真实的负面视听内容传播过程为例，使公众认识到虚假信息盲目传播带来的社会不良影响，让公众知悉国外反动势力借由新媒介传播其普世价值的邪恶用心，提高公众对国外意识形态灌输的自我抵御能力。最后，要积极引导公众投身到短视频的创作中去。鼓励公众以社会主义核心价值观为指导，创作贴近人民生活、体现地域特色的视听内容，展现新时代人民积极健康的生活意趣，响应主流话语的号召，迈入和谐融洽的新时代。

短视频平台的聚合性、高流量奠定了其作为视听内容集聚场域的重要地位，流散于网络空间的视听内容亦多转载于此。应规范短视频平台约束机制，实现从源头上掐断与主流话语相悖的视听内容传播路径。短视频平台类似"美拍""抖音""快手"等多达数亿受众，其受众之庞大决定了风险掌控的难度，一旦出现低俗暴力等违规内容，便会对社会造成极大的恶劣影响，从而削弱主流价值观的引导能力。应督促短视频平台自觉担当起社会责任，完善关键词屏蔽约束机制，对于违反规定的关键词能够自动列入后台人工审核，确认为公布违禁内容的 ID 要记入违规数据库，从而识别那些经常传播违禁内容的创作主体，对其进行系统警告或者封号处理，对于低俗内容传播者应采取尽量不可再注册的唯一标记性注册方式，如采用身份证验证＋人脸识别的方式，以此形式来达到对这种"常犯"的实际控制。要竭力完善举报程序，对受众的反馈及时处理，应该积极鼓励平台受众举报违规内容，形成举报审核成功予以奖励的运行机制，给举报真正违规内容者以虚拟形式或物品奖励。还应主动发展志愿者队伍，建立平台志愿者专栏，吸纳志愿者报名加入视频审核的队伍，给其荣誉称号或昵称加红的奖励，并给予其适当处理权限，同时加强对志愿者队伍的培训与考核，通过对志愿者队伍的规范，从而开拓志愿者协助肃清网络不良现象的良性途径，维护主流话语的控制力。应加强监管作为重要传播途径的自媒体平台。微博、微信公众号等自媒体平台已经成为新媒介环境下重要的传播途径，对其进行监管和治理不能有任何松懈。应当加强审查，优化网络空间的生态环境。

网络空间的话语失衡并非仅出自话语主体创制的负面视听内容，亦源于自媒体平台的盲目传播，在当前自媒体平台追逐流量获取盈利的背景下，假如不予审查任其传播，势必导致话语对象被蒙蔽、误导。故此，需要对自媒体个体账号发布的内容进行实时监控。实现综合关键词、账号主体以往发布记录、关注转发情况、账号主体关系网、评论关键词等讯息呈网状关系进行录入、分析与整理，探索整合性的机器检测机制，研究深度学习引擎，形成对视听内容的机器自动判断，对模糊不定的内容再结合人工审核实现实时监测。①必须不断完善举报反馈机制，要将举报反馈机制作为加强平台监管的一项重要工作予以实施。自媒体平台的功能栏目主要包括"评论、转发、点赞"，而"举报、反馈"功能则置于隐藏栏目，给话语对象以不受重视的暗示，实际情况也是网络个体的举报迟迟得不到反馈，或者基本无反馈，自媒体平台的举报功能形同虚设。在加强平台监管过程中，有心之人在网络空间中利用先进技术手段，传播不良信息而逃脱平台监控机制的检测，这种情况唯有诉诸监督举报，所以，应督促平台完善监督举报机制，将"举报、反馈"功能置于主界面，注重对举报内容及时的回复反馈，并及时对违规内容进行处理，完善平台监控检测机制。还应建立不同自媒体平台之间以及与短视频平台之间，乃至整个网络空间的联动机制，建立大数据模式下的违规记录数据库，一旦某个网络平台节点监测并处理掉一条违规视听内容，其他平台应立即读取该条记录并对自身后台数据进行全面检测，发现相似内容讯息立即予以处理，从而

---

① 参见新华网 http://www.xinhuanet.com/tech/2018-05/21/c_1122862856.htm。

发展好、维护好主流话语生态环境。

要建立话语释义机制，将抽象话语理论具体化。社会分工以及职业分化导致短视频受众缺少政治敏感性，面对一些邪恶势力传播的反动视听内容难以分辨真伪好坏。由于主流话语理论的专业性、抽象性，公众往往不能完全把握主流话语导向。推动主流话语内容深入人心，需要把抽象理论具体化，将概念转化为具体实例，将"官言官语"释义成"网言网语"，采取民众可以理解的语言实现语义解析，并从繁杂的条例规章中提取出与民众的日常生活密切相关的信息，突出重点强化内容，摒弃闲言碎语或与群众直接利益无关的套话、空话，发挥官方媒体的提取、释义功能。除了内容上的大众化，也应注重主流话语形式上的推陈出新，从叙述报告的形式转化为讲故事说道理的形式，挖掘中国历史发展过程中有血有肉的故事，形成契合主流话语的新素材，通过制作成短视频的形式来传播给受众。同时，主流话语的语境应该扩大，引导碎片化的网络话语主体创作符合社会主义核心价值观的作品。通过这种方式，将相应的话语意见呈现出来，并通过抵制邪恶歪曲之风、弘扬典型模范来实现对公民深入彻底的影响，使社会主义核心价值观的合理性、科学性深入人心，增强国民对祖国现代化建设的信心，扩大主流话语的影响力。

在新媒介环境下，去中心化、自由化的网络话语特征消解了主流话语主体的议题设置能力，并反过来影响主流话语主体的议程。要扭转这一现象，增强主流话语的舆论引导能力，需要做到两点。第一，要彰显主流话语的人民性。短视频领域的舆论事件反映的恰恰是真实的社会状况或民意诉求。现实境遇下没有得到及时有效的解决,公众才会通过短视频等新媒介来寻求线上的舆论援助。倘若任由其发酵,会对主流话语的公信力造成难以挽回的损失,为此,官方媒体要深入了解人民大众的真实需求,充分发挥公民的话语权利,实现与公众的平等对话,力求设置的议程反映人们生活中最为迫切关注的内容。第二,应提高控制舆论导向的能力,完善突发事件舆论预警机制,及时掌控最新舆情,根据舆情设置政治议程,真正急民之所需、想民之所想,使民众的呼声得到同步反馈处理。同时,应建立明确的责任机制。加强主流话语主体的舆论引导能力需要明确"第一责任人",实现具体的责任归属,这有利于提高解决舆论问题的效率。根据负面短视频内容所指向地区确立当地的网宣部为第一责任主体,迅速联系相关涉事单位及时作出应对和处理,在开展线下调查处置的同时,在网上作出针对性回应,从而做到行之有效地消除负面短视频的消极影响,增强主流话语主体的引导功能。

第四章　上海发挥引领作用，加强生态一体化，建设绿色长三角

习近平指出："到本世纪中叶，建成富强民主文明和谐美丽的社会主义现代化强国，物质文明、政治文明、精神文明、社会文明、生态文明全面提升，绿色发展方式和生活方式全面形成，人与自然和谐共生，生态环境领域国家治理体系和治理能力现代化全面实现，建成美丽中国。"①在中国共产党成立一百年时全面建成小康社会，在新中国成立一百年时建成富强民主文明和谐美丽的现代化国家，这是我们的重要使命。当下，我们已经顺利实现了第一个一百年奋斗目标，并踏上了实现第二个一百年奋斗目标的新征程，即使未来将会遭遇一系列挑战，也义无反顾。无论是以习近平同志为核心的党中央，在党的十八大上向中国人民发出的"两个一百年"伟大号召，还是习近平曾经在浙江安吉考察时给予当地的生态建设肯定，无一不显示出加强生态文明建设，构建美丽中国的重要地位及战略意义。党的十九届五中全会强调建设人与自然和谐共生的现

---

① 《习近平谈治国理政》第 3 卷，外文出版社 2020 年版，第 367 页。

代化，这是新时代生态文明建设的新目标、新要求、新路径。生态文明建设在推动长三角更高质量一体化发展中占有重要地位，直接关系到人民群众生活的幸福指数，也充分体现了广大人民群众的共识和诉求。生态文明建设是长三角区域一体化发展战略的重要组成部分，早已引起了三省一市各方高度重视。

2018 年，长三角区域一体化上升为国家战略。在区域一体化方面，生态环境领域的一体化容易形成共识，符合当前人民群众对美好生活的需要，也就成为了长三角一体化的率先推进领域。根据习近平对长三角区域一体化发展的总体要求，结合《长江三角洲区域一体化发展规划纲要》和《长三角生态绿色一体化发展示范区总体方案》的具体要求，加强长三角区域生态绿色合作，需要上海引领周边地区建立一体化联动机制，提升区域生态绿色发展能力，推动生态环境联动共保，建设绿色美丽长三角，率先探索将生态优势转化为经济社会发展优势，率先探索区域生态绿色一体化发展制度，切实满足人民群众在生态环境方面的需要。对此，开展长三角生态绿色一体化发展示范区建设是实施长三角一体化发展战略的"先手棋"。长三角生态绿色一体化示范区涵盖上海市青浦区、浙江省嘉兴市嘉善县和江苏省苏州市吴江区，面积约 2 300 平方公里。青浦区金泽镇、朱家角镇，嘉善县西塘镇、姚庄镇和吴江区黎里镇成为长三角一体化示范区的先行启动区。长三角生态绿色一体化示范区将生态保护置于优先地位，加强生态环境综合治理，不搞集中连片式开发，保护水生态，统筹好生态、生产和生活三大空间，开辟"两核、两轴、三组团"功能布局区，构建优美和谐的生态空间，打造"多中心、组团式、网络化、集约型"的空间格局，创建生态价值新高地。

第一节　新时代建设绿色长三角面临的挑战

当前，长三角生态绿色一体化协调共治不断推进，但是，在现实发展过程中仍面临挑战，主要体现为：长三角区域现有的生态环境政策和标准存在差异；长三角区域生态绿色一体化总体框架设计和举措有待清晰；上海在生态环境保护和生态绿色一体化发展方面的引领意识有待提高；区域生态绿色一体化发展的难点问题突出等。具体如下：

一、长三角区域现有的生态环境政策和标准存在差异

经过协调治理探索，长三角部分地区已经形成有利于协同发展的体制机制和政策，然而，从整体上看，仍缺乏统一规划，区域合作不够充分。立足长三角整体，不同地区的发展水平仍存在差异，不同地区之间面临行政壁垒困境，区域间协同体制机制和政策标准仍有待统一，阻碍了长三角区域生态环境协同治理。具体体现为：基于长三角各区域经济发展实际情况，产业结构存在明显的梯度差异。三省一市第一产业、第二产业和第三产业比重有所不同，比如上海市的第三产业发展程度明显高于安徽省，在高新技术产业发展

水平方面同样如此。对于安徽省而言，第一产业和第二产业依然是推动当地经济社会发展的支柱。在区域产业升级调整过程中，短暂就业引发的经济增长和社会稳定问题成为当地政府不得不认真考虑的问题，实现产业结构平稳过渡仍然是区域工作的重点。三省一市不同的经济社会发展状况影响着长三角生态环境的制定。在具体的法规政策与标准方面，长三角不同地区生态环境规划与法规存在差异甚至冲突。上海市、浙江省、江苏省和安徽省在环境立法标准、具体实施和奖惩监督等方面存有一定差异。三省一市环境立法标准、环境准入标准、排放标准和产品环保规范标准不同，生态绿色协同规划不足。长三角部分区域在生态环境领域存在合作，由于缺乏一体化的法律法规和常态化联合机制及平台，制约了长三角生态环境的协同治理。在具体实施过程中，不同地区的绿色生产效率差别较大，污染排放控制能力存在差距，生态环境保护相关部门合作性有待加强，特别在跨省和跨市部门之间尤为如此。在生态补偿方面，缺乏统一可协调的政策体系和相应的生态补偿公共基金供给。特别是由于当前仍未建立明晰的生态资源管理和产权体系。这些局部差异制约了长三角生态绿色一体化发展。特别是随着长三角区域一体化上升为国家战略，这些差异和困境制约了长三角地区更高质量一体化发展。

以生态补偿机制为例。对于长三角地区生态文明共建机制的建立，生态补偿机制一体化是不容忽视的重要途径，实现长三角地区生态补偿机制一体化建设有利于推动四地生态文明建设的进程。"生态保护补偿机制就是通过制度创新实行生态保护外部性的内部化，让生态保护成果的'受益者'支付相应的费用……"①生态补偿机制内容繁多，建立生态补偿机制的对策与路径不计其数，这里不具体展开，只对生态补偿机制面临的补偿资金单一、生态补偿标准不明晰两个方面的挑战及其相应的解决措施进行简单分析②。具体如下：

第一，生态补偿资金来源单一。当前长三角地区生态补偿资金来源单一主要在两个方面：一是囿于主要依靠中央财政拨款为主的限制，中央财政拨款与长三角地区实际需要的生态补偿资金数目差距过大，加之三省一市府际间的生态文明建设合作较少，严重制约长三角一体化进程中生态文明共建机制的建立；二是长三角地区生态补偿资金的融资渠道单一，主要凭借四地地方银行的融资，加之补偿名目众多，资金分散，造成生态文明建设进程缓慢。首先，中央财政拨款为主。当前生态补偿资金主要来源于国家财政拨款，但是国家财政资金难以填补生态补偿资金的巨大缺口，供需矛盾突出，严重滞缓生态补偿机制的建立。中央财政 2019 年自然资源领域生态保护修复两个专项安排 142 亿元，但距离相关部门测算的每年需要 589 亿元相距甚远。长三角地区的生态补偿资金主要来源为中央财政资金的支持，但三省一市对于生态补偿资金的共享互助等方面的积极性、主动性不强。三省一市间的生态补偿机制合作程度不高，对于各自地方政府在生态补偿资金方面的资助都是各自为

---

① 沈满洪、陆菁：《论生态保护补偿机制》，《浙江学刊》2004 年第 4 期。
② 周冯琦、胡静：《上海资源环境发展报告》，社会科学文献出版社 2020 年版，第 14 页。

政，对于生态环境的管辖界限划分过于明确等问题仍然存在。三省一市在生态补偿机制方面广泛存在"谁的问题谁解决"的"独立"状态，并未建立整体性、系统性、统筹性的生态补偿机制思维。其次，融资渠道过于单一。长三角地区在生态补偿资金方面的融资渠道主要依赖四地地方银行融资，而地方银行融资也仅为本地区的生态文明建设提供主要的金融支撑。地方银行融资后的资金首先在基数上相较于中央财政拨款较少，并且地方在生态补偿上的项目众多，资金分散到不同名目的生态补偿上，这样就造成了生态补偿资金的合力弱化现象，以致生态补偿资金无法供应生态补偿机制的建立。长三角地区生态补偿资金的融资渠道过于单一的影响深远：一是地方银行在融资过程中存在效率低下等现象，进而影响地方生态文明建设的进程；二是仅有的地方银行融资渠道，对于生态文明建设的资金供给存在一定的延时性和滞后性。

第二，生态补偿标准不明晰。生态补偿是一项制度安排，制定科学合理的生态补偿标准是长三角地区生态文明建设的必然要求，是夯实长三角绿色发展一体化的重要保障，是推动美丽中国建设的应然选择。但是目前长三角地区生态补偿标准模糊，三省一市间没有切实考虑到生态受偿地区的直接成本和间接机会成本。首先，直接成本的忽视。长三角地区生态环境的保护者同时也是生态补偿直接成本的承担者。实际上，生态补偿直接成本的承担者可以分为政府和企业或者说以盈利为目的的社会组织等，但是当前长三角地区生态补偿机制的执行者和承担者仍然以政府为主。例如，新安江流域跨省生态补偿第三轮试点工作正在如火如荼地进行。对前两轮试点工作稍作回顾，具体来看，两轮试点工作都有共同的特色：一是都以中央财政资金支出为主；二是浙江、安徽两省在资金支出方面力度一致，并未采取有效的激励机制获取更多的资金支持。结合当前第三轮试点工作以及前两轮的试点工作分析，在资金支持方面以及生态环境考评方面取得一定的成绩：一是第三轮试点工作逐渐减少对于中央财政资金的依赖；二是浙江、安徽两省都共同意识到一个问题，即单方面的资金支持无法有效地推进新安江流域内生态补偿机制的完善；三是浙江、安徽两省在新安江流域内的生态补偿机制建立方面，相互促进、相互监督、相互完善，这是浙江、安徽两省基于各自流域内的水生态补偿机制的规划。从此项规划可以看出，长三角地区生态补偿的直接成本主要还是依赖政府财政转移支付。其次，间接机会成本的忽视。长三角地区生态补偿机制的间接机会成本主要在两个方面，一是工业生产者的间接机会成本，二是农业生产者的间接机会成本。这里我们仅分析工业生产者的间接机会成本问题。生态补偿的间接机会成本主要发生在经济发展水平较低地区。举例来说，在长三角一体化绿色发展进程中，安徽省相较于其他省市经济发展水平较低，但是安徽省在地理位置上又处于长江流域的上游地区。为流域内生态补偿机制的建立，安徽省不得不考虑对流域内污染严重的企业采取责令迁移、取缔关闭、停产治理等方式。这种做法虽然能够为当地生态环境的保护和修复取得进展，但也在一定程度上对当地的经济发展产生负面影响。在这种情况下，其他省市应该共同承担机会成本，采取跨流域长效生态补偿举措。但是现实是三省一市间在生态补偿的构建上仍处于条块分割状态，严重阻滞长三角地区生态补偿机制的建好健全。

二、长三角区域生态绿色一体化总体框架设计和举措有待清晰

多年来，长三角毗邻地区在绿色协同发展方面积累了一定经验，但仍然较为零散。与长三角毗邻地区相比，长三角非相邻地区之间缺乏一体化协同合作的地理优势和人文传统优势，不愿积极搭建协同合作平台，区域各自为战的情况仍然存在。长三角区域一体化上升为国家战略且《长江三角洲区域一体化发展规划纲要》公布后，长三角各领域一体化发展才取得了显著推进，具体到生态环境领域，《长三角生态绿色一体化发展示范区总体方案》的公布才实质性推进了长三角生态绿色一体化发展。经过区域协同实践，长三角各地区已经对一体化的趋势有所认识，但是，长三角区域生态绿色一体化仍然处在发展初期，既要取得长三角区域生态绿色一体化发展，又要顺利推进长三角经济社会发展和人民群众美好生活需要的实现，绝非易事，仍需长三角地区相关部门共同做好长期规划，并在现实实践中不断调整优化具体措施。由于跨区域、跨部门的合作机制仍然不够明确，即使发布了长三角一体化宏观指导方案，各地在实践中仍然依据自身现实利益进行选择性协同实践。长三角区域现有的生态环境治理仍然处于条块分割状态，缺乏强有力、常态性的一体化措施。当前，我国区域生态环境保护与一体化合作更多

以"重大活动的举办为契机"①，缺乏常态持久的机制体制和持续实施的配套机制，且单一重大活动契机下达成的框架协议只在局部地区有效，可推广性有待检验。此外，不同区域生态环境突发事件应急联动机制仍未充分整合到长三角生态绿色一体化应急联动机制之中。在产业结构布局、能源和交通运输结构、用地结构方面仍需优化调整。面对环境污染与破坏，长三角部分地区仍然存在处罚力度较轻、威慑力不足、推卸或弱化责任、转移污染与责任的情况。此外，长三角区域生态绿色一体化发展的远景规划有待进一步清晰。长三角区域的生态绿色一体化发展其实一直以来就有，但力度没有像现在这么大，2018年11月，习近平在首届中国国际进口博览会开幕式上提出"支持长江三角洲区域一体化发展上升为国家战略"，其重要性、紧迫性才被人们切身体会到。长三角部分地区存在急于求成、急功近利的现象，没有很好地理清区域生态绿色一体化发展的内在逻辑，尤其是对相应远景目标的认识不够清楚，有待进一步做好长期规划。

三、上海在生态环境保护和生态绿色一体化方面的引领作用有待提高

近年来，国内外生态环境问题备受关注，上海市从政府层面到

---

① 刘晓斌：《协同治理——长三角城市群大气环境改善研究》，浙江大学出版社2018年版，第257页。

民众层面都意识到了生态环境保护的必要性和重要性。但是，基于现实复杂的利益问题，上海市部分部门和群体不仅仍然以牺牲环境为代价发展经济，而且受"单边作战"思维束缚，基于自身利益考量，对长三角绿色协同发展规划持消极态度。虽然金山区、青浦区与长三角其他三省相邻区域展开了一定的合作，这些相邻区域生态环境协同治理也取得了一定成效，但非相邻区域的协同发展意识较为薄弱，生态环境保护协同能力不足，隐性的生态问题和一体化协调问题仍然缺乏足够的关注。此外，无论是上海市，还是长三角其他地区的生态绿色一体化工作更多是在政府层面展开，企业和民众的生态环境协同保护意识和能力仍然不足，一些民间环境保护组织的参与意识同样不足，在长三角生态绿色一体化方面，上海市在意识和实践方面的示范引领作用仍有待加强。

四、长三角区域生态环境质量有待优化，仍是区域一体化发展的短板

　　长三角地区是我国经济贡献强度最高的地区之一，也是我国单位国土面积资源能耗和污染物排放强度最高的地区之一，大气污染、水污染和土壤污染等问题仍令人担忧，生态环境保护工作仍面临多种困境。长三角地区工业和农业造成的生产污染仍然存在，污水排放量和生活垃圾排放量都较大，且分布不均。船、车等流动源是区域污染的重要来源，城市尾气等综合治理需加强，特别是流动源污染治理需加强。水环境质量尚待提高，水务基础设施和技术仍

有待完善，水务综合管理能力有待提升，跨界水污染处理能力不足。土地资源也面临供需矛盾突出、利用质量不高和配置不协调等问题。而长三角地区现有污染治理能力有待进一步提高，跨界污染治理难度加大。此外，长三角地区仍缺乏可持续的安全饮用水源。这是长三角各区域普遍存在的问题。长三角地区以地表水为主，区域内多直接或间接饮用长江水，水源地长期受到水体富营养化威胁。近年来，虽然有引江调水等系列工程支持，但由于长三角人口密度大，工农业发展对水资源利用强度大，优质水源供给远远不足。同时，长三角地区主要河流同时具备航运、纳污、排涝等功能，城市供水取水口与排污口交错，航运危险品泄露等污染水源事件时有发生，加剧了饮用水安全风险。

五、区域生态绿色一体化发展难点问题突出

在具体实践过程中，长三角区域绿色协同发展面临系列难点问题。随着长三角城市群建设推进，大量外来人口涌向长三角地区，不仅上海市面临建筑用地和资源消耗增多的情况，长三角其他城市同样面临这个难题。地区污染物累积存量和污染物增量难以得到有效控制，水、土和大气等领域的污染治理更多是事后处理，仍然处于被动滞后状态，农业种植产生的农药和化肥、畜禽养殖、生产养殖产生的污染源仍然不容忽视。跨界污染事件仍时有发生，部分地区二氧化硫和可吸入颗粒物等污染仍然存在，特别是跨区域转移性的污染物对其他地区生态环境造成了破坏，跨区域复合型污染治理

难度较大，加剧了生态脆弱性。此外，区域垃圾分类与一体化推进仍存在突出问题。长三角地区基于生产生活现状，垃圾排放总量较大，且分布不均。当然，长三角各区域垃圾分类工作有序开展，特别是上海市率先展开垃圾分类工作，一度引发全社会关注。在长三角全面实施生态绿色一体化的背景下，长三角统一垃圾分类标准将十分重要。目前，长三角垃圾分类政策存有差异，垃圾分类标准不统一，三省一市具体落实情况不同，长三角相关地区现有垃圾治理能力受到诸多条件的限制，新的协调性的垃圾分类处理思路有待理清。

第二节　新时代建设绿色长三角的绿色实践

党的十八大以来，我国自上而下都十分重视生态文明建设。习近平在十八届中共中央政治局第一次集体学习时指出："随着我国经济社会发展不断深入，生态文明建设地位和作用日益凸显。党的十八大把生态文明建设纳入中国特色社会主义事业总体布局，使生态文明建设的战略地位更加明确，有利于把生态文明建设融入经济建设、政治建设、文化建设、社会建设各方面和全过程。这是我们党对社会主义建设规律在实践和认识上不断深化的重要成果。"[1]党

---

① 习近平：《紧紧围绕发展和坚持中国特色社会主义　学习宣传贯彻党的十八大精神——在十八届中共中央政治局第一次集体学习时的讲话》，人民出版社2012年版，第7页。

的十八大以来，长三角各地区继续推进生态文明建设，实施绿色发展，在劣质水治理和大气保护及生态绿色教育等方面积累了系列经验，并在局部地区进行了跨区域生态环境治理，形成了系列新思路与新举措。经过多年生态文明建设和绿色发展，区域内经济社会发展更加注重绿色可持续性，平均优良天数增多，水质也获得改善。一体化、毗邻合作等成为了推动长三角生态环境治理与保护的关键词，生态环境治理取得了明显成效。但是，区域内不可持续的生产生活方式造成的环境污染仍然存在，生态环境仍然面临一定难题。

推进生态绿色一体化是推动长三角高质量一体化发展的必要保障和重要举措。在这一方面，长三角地区已经进行相关实践。2002年，浙江省嘉兴市与江苏省苏州市召开政府联席会议，建立边界水污染防治制度。2009年，长江三角洲地区环境保护合作第一次联席会议召开，推动完善区域环境监管联动机制。2009年，上海市、浙江省和江苏省签订跨界环境应急联动方案。2012年，长三角三省一市共同签订跨界联动协议，通过《长三角地区环境应急救援物资信息调查工作方案》。2013年，长三角三省一市共同签订跨界环境污染事件应急联动工作方案。2014年，三省一市参与长三角区域大气污染防治协作会议，讨论《长三角区域落实大气污染防治行动计划实施细则》，成立长三角区域大气污染防治协作小组，构建区域联防联控协作机制，长三角区域大气污染防治协作行动正式启动。以五年为一周期，以上海市、江苏省、浙江省和安徽省为承办顺序，长三角三省一市人大代表开展联合视察活动。

2018年以来，长三角地区相关部门联合制定实施了首个区域秋冬季大气污染综合治理攻坚行动方案，深化了重污染天气区域应急联动机制，实施了太浦河水质预警联动方案，三省一市信用办及环保部门签署了《长三角地区环境保护领域实施信用联合奖惩合作备忘录》，发布了首个区域严重失信行为认定标准和联合惩戒措施。2018 年 10 月，上海、江苏、浙江和安徽共同签署《长三角区域环境保护标准协调统一工作备忘录》，在区域大气和水污染防治上统一标准。随着《长三角近岸海域海洋生态环境保护与建设行动计划》《长三角地区危险废物环境监管联动工作方案》《长三角地区循环经济资源综合利用协同发展合作协议》和《关于建立长三角区域生态环境保护司法协作机制的意见》等文件出台，长三角地区不断推进生态绿色协同发展，建立和完善区域污染防治协作机制。随着区域协同实践的推进，长三角各地区对一体化协同发展的内部需求更为强烈。

长三角区域一体化上升为国家战略后，相关部门发布了《长江三角洲区域一体化发展规划纲要》和《长三角生态绿色一体化发展示范区总体方案》，长三角生态绿色一体化迎来新的发展机遇，跨区域政府总体协商，联络组综合协调，相关部门协同落实，推动长三角生态环境共同保护。建设一体化示范区，是推动长三角一体化发展的重要抓手。《长三角生态绿色一体化发展示范区总体方案》确立了一体化示范区的总体定位、目标要求和具体任务，赋予一体化示范区更大的改革自主权，推动资源要素跨区域自由有序流动。一体化示范区执委会统筹协调、推动政策目标落地转换，通过资金投入、资源配置和项目推进等方面形成政策合力，构建创新驱动、高效集约的新发展方式，合力打造"江南庭院、水乡客厅"。生态筑底、绿色发展，推动区域生态环境保护和建设、生态友好型产业创新发展，构建人与自然和谐共生的生态格局，率先探索从区域项目协同走向区域一体化制度创新。同时，加强一体化示范区与周边区域的协同联动发展，明确长三角区域一体化工作机制架构、标准规范，充分发挥一体化示范区引领带动作用，通过示范引领，成为服务长三角更高质量一体化发展的重要引擎，形成一批可复制可推广经验。

为有效贯彻长三角一体化战略和长三角生态绿色一体化要求，长三角各区域、各层级部门展开合作，发挥平台凝聚整合功能，开展生态环境顶层设计，提升污染治理技术，改善区域环境质量，聚焦生态环境标准规范和协同治理，逐步解决区域一体化水、土、大气和固体废弃物治理问题，推进生态绿色一体化进程。相关部门合作签署《加强长三角临界地区省级以下生态环境协作机制建设工作备忘录》《关于一体化生态环境综合治理工作合作框架协议》《太湖流域水生态环境综合治理信息共享备忘录》等文件，组织成立长三角区域生态环境联合研究中心，承办"绿色长三角"论坛。2020年5月，上海市青浦区、浙江省嘉兴市嘉善县和江苏省苏州市吴江区三地生态环境部门成立示范区生态环境综合执法队，启动"跨省统一环境执法"模式，交叉互查、联合检查、跨界执法，推动生态环境联防联控，共保示范区生态环境安全。2020年6月，上海市青浦区、江苏省吴江区、浙江省嘉善县三地公安机关及政工部门联合在吴江区公安局举行长三角生态绿色一体化发展示范区公安党建联盟签约仪式，以党建共建推动长三角生态绿色一体化发展示范区区域警务深度融合。2020 年 7 月，长三角生态绿色一体化发展示范区行政复议委员会在上海成立，为长三角区域重大决策和行政执法等工作提供法律咨询意见，推动三省一市行政复议机构统一案件审理标准，促进三省一市法制统一。

在长三角生态绿色一体化的现有实践中，沪嘉河长制联动是一个典型的案例。河长制是地方党政主要负责人兼任河长，负责辖区内河流污染治理和水质保护的一种工作机制。河长制起源于浙江，相比于传统方式，其在推进河流污染治理方面成效显著，成为了江河流域治理的重要方式。自河长制推行以来，河流治理主体责任得到了明晰，流域管理效率得到了提升。由于水资源质量与土壤、空气质量息息相关，加强流域综合治理，不仅为水资源保护奠定了坚实基础，而且有利于地区土壤和空气的协同治理。

河长制在长三角地区的全面推行，有利于长三角三省一市河流协调治理，为长三角地区流域综合治理提供了较为坚实的基础。河长制推行过程中，河长间的联动十分必要，但目前却面临诸多现实难题。聚焦长三角地区，该区域水网密布，跨界河流众多，源头治理困难重重，准入标准不同带来"污染转移"，跨界河流和上下游难以实现协调治理，基层联动缺乏资源。此外，相邻区域虽然具有相似的河长体系，但是面临行政层级不对等难题。比如上海下辖的地区在与嘉兴下辖县联动合作时，因行政层级不对等导致合作受阻。随着长三角区域一体化上升为国家战略，长三角地区的生态环境保护工作也迎来了新的历史机遇，推进河湖流域治理，尤其跨区域交叉流域综合治理成为推动长三角生态绿色一体化的重中之重。

如前所述，上海与浙江相邻区域的毗邻党建搞得丰富多彩、有声有色。毗邻党建可以推动河长制联动。众所周知，上海市与嘉兴市交界河道众多，如上海市金山区与嘉兴市相关区域交界河道超过56条，具有72个交界河口。水具有区域性和流动性，治水需要边界区域联防联治，上下游联动，左右岸同治。过去，沪嘉两地在治水方面是一河两地，跨省而治，各自为政，交界河道归属不明确。为突破地域和行政壁垒，推动跨区域水治理，上海市金山区与嘉兴平湖市、嘉善县积极探索，进行河长制联动发展。金山、平湖和嘉善共同研究制定了《金山、平湖、嘉善以毗邻党建引领三地水务（水利）区域联动发展工作章程》，通过基层组织共建、党建活动共联、资源信息共享和干部人才共育等方式定期开展党建联建活动，以毗邻党建引领三地水务（水利）联动发展。

为更好地引领区域水治理联动发展，金山、平湖、嘉善成立首个长三角"金平嘉水事议事堂"，建立联动治水固定场所，确立交界河湖一体化协同治理机制和水保护治理议事规则，明确每次议事轮值负责人，议事主要包含水系规划、水文与水利设施建设和水务联合执法等，将议事规划纳入三地联动治水年度工作目标之中。此外，为推动三地边界水系统一布局规划，金山区水务局牵头绘制了"金山、平湖、嘉善三地水系图"，打破"金平嘉"水系"各自为战"的局面，实现三地边界河道无缝衔接，确保省市有边界、治水无盲区，推动三地联动治水护水、河道互管、防汛互帮、水保护与污染治理，定期召开"金嘉湖"水文三地联动会议，完善水域突发事件联动机制，定期分享治水经验，相互通报边界区域执法监管和污染治理情况，确保资源共享与信息互通，实现"五举治水""科技治水""河长治水"和"联动治水"。"金平嘉"三地机关党员干部代表和各基层党支部书记共走一条红色线路，接受红色革命教育。联合交界河道河长联合巡河治水，建立护水志愿者先锋队，党员志愿者配合河长主动认领"金平嘉"三地交界各主要河流，划分责任区，明确责任人和责任事项，组织党员志愿者在交界河道周边开展水保护入户宣传，共同推动区域内河道段面的沿岸垃圾处理和植被绿化，及时发现河道问题，并将难以处理的问题统一反馈给河道河长。

当地党委搭建了三地水务（水利）局毗邻党建引领区域联动发展党委中心组联组学习交流平台，以党建活动共联和业务工作共促等方式进行区域联动发展主题党日活动，将联建活动常态化与制度化，借助"金山护水先锋行动——万名党员、志愿者参与治水、护水以及千名人大代表守护千条河道""人大代表问河长"和"政协委员视察河道"等活动，开展水环境治理、水文监测、突发应急处置和河水保护宣传等工作，实现"两地一条河，河长共巡河，志愿者共护水"。在开展过程中，三地党员干部和普通党员志愿者在"联动治水"中有效发挥了先锋模范作用。此外，金山区联合嘉兴市总工会和治水办等单位开展"吴根越角·一衣带水——金嘉劳动和技能竞赛"等活动，借助毗邻党建平台联动治水，推动河道周边环境整治。

毗邻党建助推河长制联动已在毗邻党建试行区域取得了初步成

效，具有示范推广作用，可以进行深度挖掘，服务于长三角河流治理甚至生态综合治理。其重要意义具体如下：

第一，以毗邻党建为平台，密切长三角相邻区域各层级、各部门和各领域合作。长三角地区河网密布，跨界河道多，支流范围广，面临行政区域间的现实利益冲突、现行政策冲突缺乏有效的跨界协商平台等问题，这就需要进一步突破行政区域局限，为跨界河长之间及和其他生态环保部门间的合作提供平台。毗邻党建为解决这一难题提供了平台，加深了相邻区域党员干部间的相互了解，明晰了相邻区域具体问题上的利益需求，有利于推动多方区域间的利益联结、政务协调和人才共育，为进一步深化区域协调、推动生态绿色一体化奠定党的领导优势和平台基础。党建形式也可以解决毗邻地区河长分属不同行政区域且行政层级不对等的问题，从而实现毗邻地区河长间的高效联动。

第二，以毗邻党建为依托，完善相邻区域生态绿色一体化议事机制。以现有的金平嘉水事议事堂为例，通过制定毗邻党建合作框架，多方区域的河长群体及相关单位减少了行政区划限制，建立了多层级协调议事与对接机制。长三角各区域相关部门之间在党建密切交流和相互配合的基础上，通过对长三角一体化国家战略和长三角生态绿色一体化的深入理解，综合利用各区域党的领导优势，在党建密切交流和相互配合的基础上，发挥党员干部和普通党员的业务能力，完善定期定点的跨层级、跨区域和跨部门的生态绿色一体化治理机制，破解异地协动治理难题，推动长三角生态环境综合治理。

第三，以毗邻党建为机制，推动长三角基层生态环境协同共治。长三角生态环境治理是一项系统工程，需要通过组织领导，破除边界束缚，凝聚各方力量。在基层治理方面，同样需要发挥好我们党总揽全局的能力，借助党的平台，调动分属不同地区的党员干部、基层党员甚至民间组织的力量。以河流领域为例，河流乡村治理是流域治理的基层环节，也是重点和难点所在。长三角毗邻乡村可以借助毗邻党建平台与相关机制，定期开展河长治理经验交流、"民间河长"环保志愿培训和环保村规民约宣传教育活动，借助资源共享优势，完善基层生态环境线上信息搜集和处理分析能力，深度细化水环境监测分工，提高基层生态环境治理能力，确保长三角基层生态环境治理有强大的平台支撑和践行力量。

此外，长三角地区生态环境建设的主体可以分为三大类，即政府、企业、公众，三大主体在建设生态文明过程中矛盾诸多。"区域生态环境规划之间存在矛盾，区域绿色协同发展的措施落实不到位。"①由此类矛盾造成生态文明建设各自为政的局面，不利于我国生态文明整体进程的推进和美丽中国建设宏伟目标的实现。因此，三省一市的政府、企业、公众应携手共建生态文明，为长三角地区经济、政治、文化、社会一体化发展提供良好的生态环境，具体如下：

第一，从政府维度来看。长三角一体化进程中生态文明共建机

---

① 金瑶梅：《新形势下推进长三角更高质量一体化发展面临的挑战及其对策探析》，《理论与评论》2020 年第 2 期，第 60—69 页。

制的建立，关键在于长三角地区政府间的紧密联系，要着手于建设生态型政府和生态环境联保共治两个方面，高效的政策纾困有利于长三角地区生态文明共建机制的建构。首先，建设生态型政府。长三角生态运行机制一体化之政府维度重点在于建设生态型政府。"生态型政府构建意味着政府必须以更系统、完善的视角审视当前人与自然以及人与人、人与社会之间的关系。"①长三角地区各级政府都要牢固树立生态优先发展的生态理念，实现经济型政府到生态型政府的转变，必须将实现人与自然之间的和解、人与人之间的和睦、人与社会之间的和谐作为生态型政府建设的终极目标。三省一市各级地方政府要加强区域间的生态合作与交流，在生态资源、生态规划、生态建设等方面应密切联系，打破生态建设行政壁垒，建设生态型政府。其次，生态环境联保共治。三省一市需建立并推行跨界生态环境联保共治举措，推动长三角生态绿色一体化发展。有学者这样说道："生态型政府建设必然要求深化政府管理体制改革和政府职能的创新。"②的确如此，深化政府体制改革之生态建设要着重生态环境机构的建立健全。

2020 年，江浙沪两省一市联合印发《长三角生态绿色一体化发展示范区重点跨界水体联保专项方案》，旨在解决长三角一体化示范区内的水污染问题。在长三角地区，安徽省作为长江的上游地区，在水体治理方面应加快融入长三角生态绿色发展一体化的步

---

① 马骁：《城市生态文明建设知识读本》，红旗出版社 2012 年版，第 24 页。
② 马骁：《城市生态文明建设知识读本》，红旗出版社 2012 年版，第 26 页。

伐，明确自身的责任与义务，积极参与长三角一体化进程中的生态文明共建环节，为建设生态长三角、绿色长三角、美丽长三角贡献力量。此外，政府在生态建设方面的职能创新至关重要。根据苏浙皖沪四地不同的地理特征及优势，确立不同地方政府在生态环境建设方面的职能分工与合作、加强同一地区的政府在生态保护方面的职能分工与合作、建立健全完整的不同政府之间的评价与考核体系、强化政府生态文明智库建设，为政府在生态建设方面的职能创新提供不竭的技术支持与制度支撑。

第二，从企业维度来看。近年来，长三角地区企业在生产理念、生产模式、产品制造等方面都有较大突破与创新。但是，正如有学者指出的："长三角地区清洁生产程度依然不高，企业污染治理能力与治理要求存在较大差距，区域环境污染控制与执法还不能满足要求，企业偷排超排明显、执法不严突出、违法处罚力度不够等问题时有发生。"[1]长三角地区企业的清洁生产程度不高有两个方面的原因：一是企业在生产的过程中，会对当地甚至周边的生态环境造成一定程度的影响，却为当地的经济创收作出了巨大的贡献，一些地方政府及相关生态环境部门很自然地选择经济效益，放弃生态效益；二是生态环境保护和生态环境建设会增加企业的生产成本，企业在面对投入和产出不对等的生产状态之下，被迫离开生产地，选择生产成本相对较低的产区，这样不仅会造成新产地的生态

---

① 周冯琦、胡静：《上海资源环境发展报告》，社会科学文献出版社 2020 年版，第 14 页。

污染，也会造成原产地经济下滑等不良的经济影响，这是原产地的企业和政府不愿做出的选择。因此，企业在生产过程中必须牢固树立清洁生产理念，实现长三角企业绿色转型。

此外，企业绿色创新要遵循绿色发展理念的基本原则，将绿色发展真正融入自己的企业文化，将其作为企业自身的指导思想。绿色发展理念在企业内部要深入到岗、具体到人，真正落实到每一个生产流程，打破以往的原材料到产品的单线型生产模式，升级转换成原材料到产品到再生产品的循环生产模式。企业不仅要注重在生产过程中有关产品的生态环保问题，还要注意在产品售出后即消费过程中的生态污染问题。将习近平的"四个面向"中"面向人民生命健康"这一点，落实到企业产品的消费过程中，企业生产的产品不仅要考虑到产品的健康性，还要倡导消费者践行健康消费、绿色消费、生态消费。

第三，从公众维度来看。长三角地区生态文明建设仅仅依靠政府主导和企业主攻是不完善的，四地公众要积极参与到长三角地区的生态文明建设之中，紧紧围绕以人民为中心深入推进三省一市生态文明建设。目前，长三角地区生态文明建设之公众参与的主要矛盾在于四地公众参与程度不高。因此，长三角地区的生态文明建设重点在于拓宽公众参与生态文明建设渠道，提高公众参与程度。

公众参与生态文明建设是主人翁意识的生动体现，是人民至上理念的具体写照，是实现人与自然和谐共生现代化的必然要求。长三角地区公众参与生态文明建设程度不高的主要原因之一在于信息公开不清晰、不及时、不到位。具体来看，有两个方面：一是政府及相关生态环境部门对于环境污染信息的不完全公开化，环境污染信息按照资源种类可以分为水体污染信息、大气污染信息、土壤污染信息、固体废弃物污染信息等，而公众对于环境信息的不了解、不清楚、不深入会造成生态环境的破坏和污染；二是公众对于生态环境保护信息的认知不健全。生态保护和修复措施不能停留于表面，应主动深入了解环境保护知识的内部结构，将生态保护上升到空间模式上的联防联控。因此，拓宽公众参与生态文明建设的渠道是必要的，从环境决策的制定到实施再到环境权益受到侵害后的上诉，都要扩大公众参与的人员数量和公众参与的范围及圈层。

第三节　上海发挥引领作用，加强生态一体化，建设绿色长三角的重大举措

在长三角一体化上升为国家战略的新时代背景下，率先推进生态绿色一体化有其特殊重要性。通过生态绿色一体化发展，破解长三角生态绿色发展难题，打造绿色宜居新高地，示范引领长三角一体化发展，①更好地满足新时代人民群众的美好生活需要。对此，需要在现有实践的基础上，积累经验，完善生态绿色一体化路径，从而建设绿色长三角。

---

① 参见何立峰：《凝聚共识　形成合力　加快推进长江三角洲区域一体化发展》，《人民日报》2019 年 12 月 4 日。

一、上海发挥引领作用，贯彻落实绿色发展、生命共同体等理念，凝聚区域生态绿色一体化发展共识

思想是行动的指南，中国共产党的十九大报告将美丽中国作为我国建设现代化强国的目标之一，这是中国特色社会主义进入新的时代、新的阶段所提出的更高的发展要求，表达了中国人民对于美好生活的向往，意味着我们不再一味追求经济的增长，而是在发展经济的同时注重生活质量的提高，即不再一味强调将蛋糕做大，而是在将蛋糕做大的同时将蛋糕做得更加美味，更加为人民群众所喜爱。建设美丽中国，必须坚持以绿色发展理念为引领。党的十八届五中全会提出创新、协调、绿色、开放、共享五大发展理念，其中，创新是发展的动力与源泉，协调是发展的步伐与速度，绿色是发展的基础与基调，开放是发展的眼界与胸怀，共享是发展的目的和价值。绿色发展不仅是新发展理念的重要组成部分，也是习近平新时代中国特色社会主义思想的重要组成部分。从党的十八届五中全会着重提出"绿色发展"新理念到党的十九大再次强调坚持绿色发展，并将建设美丽中国作为我国的发展目标之一，充分说明了习近平新时代中国特色社会主义思想对于生态环境问题的重视以及以人民为中心的思想倾向。因此，我们应当在观念领域开展一场自我革命，具体如下：

第一，在新的时代背景下，贯彻落实绿色发展理念。如果人没有在思想层面认识到自己的行为会对其所处的环境产生一定影响，就不会做出任何行为上的改变，那么其生存、生活所处的生态环境

也无法得到优化。绿色发展的核心旨趣是催生一种新的发展理念和生活方式，这并不是单纯地为了响应当下的国家主流意识形态召唤，而是通过发展理念的改变和发展视角的拓展及这一变化导致的生活方式的全面革新，使环保内化为每个个体的迫切需要，基于这一需要，自觉地在日常生活中践行绿色低碳生活方式。绿色发展理念既是马克思主义自然观在当今中国大地上的进一步发扬，又是中国传统自然观在新的历史条件下的深层次传承，还是西方可持续发展观的更高境界的升华，与中国特色社会主义生态思想中的其他理论相得益彰。党的十八届五中全会使"绿色发展"以治国理政新理念的高度进入我国现代化建设的实践视野，而党的十九大进一步强化了作为我国决胜全面建成小康社会阶段的有力保障——经济发展与生态文明建设，这可谓我国建设现代化强国的"一体两翼"，两者的最终指向是美丽中国。正是在绿色发展理念的指引下，我们的绿色发展实践取得了非常好的成绩。党的十九大报告对过去五年来我国大力推进生态文明建设，贯彻落实绿色发展理念所取得的实践成效进行了概括："生态文明建设成效显著。大力度推进生态文明建设，全党全国贯彻绿色发展理念的自觉性和主动性显著增强，忽视生态环境保护的状况明显改变。生态文明制度体系加快形成，主体功能区制度逐步健全，国家公园体制试点积极推进。全面节约资源有效推进，能源资源消耗强度大幅下降。重大生态保护和修复工程进展顺利，森林覆盖率持续提高。生态环境治理明显加强，环境状况得到改善。引导应对气候变化国际合作，成为全球生态文明建设的重要参与者、贡献者、引领者。"①

第二，破除主体至上思维，贯彻落实生命共同体理念。经济社会协调发展，人与自然和谐，彰显了区域发展的可持续性，是高质量发展的重要内涵。②面对山水林田湖草，两种思维值得反思：其一，总是从自己的需要——物质上的需要或精神上的需要出发，去改造外在的自然；其二，以居高临下的道德怜悯姿态作为出发点，保护生态环境。这两种思维代表着主体至上和人类中心主义，在这两种思维观念下，生态环境保护的出发点和落脚点发生了偏差，生态环境保护实践也会发生变形。与此不同，在新时代推进长三角生态绿色一体化，应充分认识到山水林田湖草与人类构成了生命共同体，走出人类中心主义的怪圈，充分认识到工业文明发展道路的负面效应，反思工业文明背后的主体至上思维，明确工业文明对人类可持续发展的作用与限度。由此，认识到生态文明发展绝非简单地与经济、政治、文化、社会平行构成"五位一体"，生态文明需内化到社会生活的方方面面。生态文明彰显着生命共同体的共生共存，这一新文明表明了经济社会发展效益与生态效益的统一，包含了与他者共生的新生命观，牵涉到生态道德观和生态审美观，推动不同阶层和不同利益群体健康生活的权利得到基本保障。

第三，加强生态教育，凝聚区域生态绿色一体化发展共识。

---

① 习近平：《决胜全面建成小康社会 夺取新时代中国特色社会主义伟大胜利——在中国共产党第十九次全国代表大会上的报告》，人民出版社 2017 年版，第 5—6 页。

② 参见程必定：《长三角更高质量一体化发展新论》，《学术界》2019 年第 11 期。

"绿水青山就是金山银山"体现了内在统一的一体化思维，摒弃了"既要金山银山，又要绿水青山"的二分状态。推动这一理念有效落地需要结合诸多现实因素展开。在凝聚生态绿色一体化共识方面，基础性工作在于：在现实实践中推动不同主体的利益差异甚至冲突得到相对有效的解决，同时，引导相关利益群体在与自身利益相关的问题上，以相对积极的方式贯彻这一发展理念。只有这两个问题得到了有效解决，才能深化生态教育，凝聚区域生态绿色一体化共识。

另外，还要时刻关注生态环境破坏对相关群体带来的隐形危害，长三角生态环境系统互为一体，某一地区某些群体为追求经济利益造成了生态环境破坏，此破坏造成的代价承受者可能来自同处这一生态系统的其他群体，环境污染破坏对后者造成的呼吸系统疾病等系列健康问题是一个愈加突出的隐形问题，其中涉及的生态环境正义与基本生存保障问题需要引起社会关注，确保更多部门和主体意识到这一问题，并采取相关预防和补偿机制解决这一问题。一方面，要加强生态教育与引导，以党的十九大、十八届五中全会关于绿色发展的精神及习近平关于长三角一体化发展上升至国家战略的重要讲话精神为引领，培养长三角地区人们强烈的绿色协同发展意识；另一方面，充分发挥新时代智能媒体作用，以各种形式培育良好的区域绿色协同发展意识，尤其是加强对年轻一代的教育。此外，还要发挥好家庭、学校和社会的作用，多渠道、全方位凝聚区域生态绿色协同发展共识，并充分利用基层党组织的先进性，积极开展区域绿色协同发展宣讲及教育活动，强化区域绿色协同发展共识等。

第四，从整体上加强长三角地区公众的生态环保意识。目前长三角地区仍然存在部分公众对于生态保护的意识不强的问题，主要原因在于两个方面：一方面，长三角地区经济发达，生活水平和消费水平相较于欠发达地区较高，本地区人民群众不合理的消费观念易形成奢靡浪费之风，对长三角地区的生态环境造成一定程度地污染和破坏；另一方面，在生态文明建设方面容易走"先污染、后治理""先享乐、后懊悔"的老路。因此，为了高效构建长三角地区生态文明建设共建机制，树立先进的生态文明观念，尤其是强化绿色发展理念，探寻正确的生态文明建设方案，是当前长三角地区生态文明共建的"刚需"所在，旨在将传统的生态意识即受各级环境部门自上而下倒逼机制模式的生态文明建设，转变成为公众自觉地、积极地、主动地参与长三角一体化进程中的生态文明建设。事实已经证明，要将新时代人与自然和谐共生的现代化建设真正落实，就必须牢牢坚持绿色发展理念，把"绿水青山就是金山银山"的伟大号召落实、落好、落细。

培育三省一市市民生态环保意识的重要性和必然性对于四地生态文明建设具有建设性的意义。长三角地区市民接受文化教育程度以及受到的文化熏陶，从整体上来看，要优于其他欠发达地区，但是从四地市民在文化程度的呈现、文明素质的体现、文明行为的表现上看，尚存较大差距。譬如上海市作为长三角地区的"领头羊"，不仅在经济、政治、文化等方面领先于苏浙皖三省，在生态文明建设方面的意识也领先于其他省市。因此，三省一市之间的市民要及时相互学习，共同培育新时代生态文明建设理念，形成生态文明建设的学习之风、绿色之风、生态之风。

二、上海发挥引领作用，进一步完善长三角生态绿色一体化体制机制，推动区域联防联控

完善的体制机制是长三角区域绿色协同发展的关键因素。要以制度规范管理，总结经验，根据新变化，在现有基础上为长三角地区"量身定制"切实可行的绿色协同发展体制机制，并根据新变化，对原有的区域绿色协同发展体制机制进行修订，使其更加具有实践层面的可操作性。在进一步完善长三角区域绿色协同发展体制机制的过程中充分发挥上海的主导作用，与其他三省协同并进，建立相互合作、相互支持的长效联动体制机制，使其真正发挥实效。在长三角高质量一体化发展进程中，坚持制度创新，以各种有效的体制、机制为保障，长三角地区的生态文明建设才能实现根本长远的发展。主要的措施如下：

第一，上海应主动牵头建立长三角区域立法协调机制。鉴于长三角地区经济一体化的战略目标以及长三角地区共享环境利益的存在，应当有选择、有目的地实现环境保护法制一体化。考虑到苏浙皖沪四地相互独立、互不隶属的行政区划决定了长三角区域地方性法规不可能采用绝对一体化的现实，可采用软性的地方法制协调途径。立法协调机制应以宪法和《立法法》为基础，在不改变各地方立法、行政区划边界的前提下，由长三角区域地方立法机构和政府

组成常设立法协调委员会，定期就有关立法事宜进行交流协调。比如，三省一市可先签订《长三角区域立法协调框架协议》，对立法协调的体制和机制等达成原则性共识。然后在制定具体生态环境保护基本制度方面进行协调、磋商。

第二，上海应引领整合长三角区域现有环境保护的地方法规。要加快推进区域性环保立法的进度，实现三省一市现有法规政策的整体衔接，充分整合现有地方环境法制体系，确保地方法制服从区域法制。长三角区域各地方政府应从区域环境治理的大局出发，对现行环保的地方性法规和规章进行必要的梳理。针对噪声污染、大气污染、废弃固体污染、餐饮行业污染等必须共同面对的问题，应采取共同立法或按照统一标准各自整改的方法进行一体化作业，防止出现立法缺位；通过合并吸收或有条件废除的形式，减少重复性地方法规；需要进行特殊保护的环境地方立法，应当避免与普通环境立法出现重复、冲突甚至矛盾的规定；要实行长三角区域现有冲突法规的清理工作，对于引发长三角跨区域环境治理冲突的现有法规予以修改或废止。

第三，上海在推动长三角实施绿色 GDP 考核机制方面要起引领作用。现有的 GDP 核算体系在引导长三角区域经济活动最大化的同时，也导致长三角区域资源占用和生态破坏的最大化。因此，在长三角区域的经济增长指标体系和政府官员的政绩考核中，应加入对资源环境的核算，既注重经济的发展，也注重生态环境的全面改善。这样可以引导和规范长三角区域地方政府官员们的行为取向和行为模式，协调和改善政府间利益关系，提高区域环境治理的效果。

第四，上海要带头建立健全长三角生态保护协同机制。要通过设立更高层级的协调发展机构，建立多领域、多层次的协调发展机制。特别是要协同推进长三角区域水资源保护、水污染防治、水生态修复，共抓长江大保护，实施太湖流域水环境综合治理。建立长三角区域的大数据库"绿色档案"，涵盖大气治理、水资源保护、土壤的检测保护等不同类型，进行布点监测，及时整合了解相关最新数据发展动态，对长三角区域进行数据的汇总及分析，最终再汇总到国家有关部门。每年撰写并出版一份《长三角区域生态环境发展报告》，并制定《长三角区域生态环境协同治理实施细则》。

第五，上海要带头建立健全长三角生态信用监督与奖惩机制。长三角区域应把信用制度引入生态环境领域，建立跨区域环保信用联合奖惩模式。充分利用大数据库，搜集长三角区域大中型企业排污信息，尤其是加强地处三省一市交界区域企业的生态环保监督，落实企业主体责任，强化生态环境保护意识。对于长三角地区政府内部，必须严格执行离任审计制度，让责任跟着职位走，将追究到底、追究到位、追究到人的生态责任追究与惩罚的有关机制落实、落好、落细。

第六，上海要带头建立健全长三角生态保护补偿机制。可以依据长三角区域三省一市在地理位置上相邻的特点，有序推进生态保护补偿机制建设，创新生态保护补偿标准体系和沟通协调平台建设，并建立跨部门、跨领域、跨区域的生态环境诉讼体系，加快形成受益者付费、保护者得到合理补偿的运行机制。要明确赔偿方以及受益人主体，让污染环境的肇事者付出应有的代价。要建立健全生态补偿制度，还要增加政府在生态补偿方面的投入。从长三角区域其他三省的情况来看，浙江省较早在全国范围内确立与实施生态补偿制度，且经过实践，已经扩展到长三角其他区域。长三角地方政府搭建平台，加强沟通协调平台建设。依据长三角区域发展差异，明确生态环境破坏单位和主体责任，完善长三角流域跨界生态补偿机制，创新生态保护补偿标准体系，确定好相应的补偿形式和标准，统筹协调，逐步扩大补偿范围，合理提高补偿标准，将受益补偿与污染赔偿相结合的补偿方式贯彻到底，确保资源开发生产相关受益部门和群体向区域其他受损群体或个人进行相应补偿，有序推进一体化生态保护补偿机制建设，探索建立多元化、立体化生态保护补偿机制，切实做好自然生态保护和补偿工作，有效推动长三角区域生态环境保护。

具体而言，长三角生态补偿机制的运行渠道有很多，但是其中有两个方面的问题亟待解决：一是三省一市间都要致力于拓宽生态补偿融资渠道，并且四地都要共享生态补偿融资渠道，打破之前各自为政的生态补偿机制的行政藩篱；二是三省一市之间要共同明确界定生态补偿标准，解决以往生态补偿标准模糊的"顽疾"。长三角地区不同省市之间在生态补偿的融资渠道方面都较为单一，过度依赖各地区地方政府的财政转移支付。生态产品是社会公共产品，因此，生态产品的生产投资不能仅依靠政府，要适当引入社会资本介入，实现生态产业化的现实转化。而生态补偿资金也是如此，拓宽生态补偿融资渠道可以从四个方面着手应对：一是生态破坏者赔偿付费；二是生态受益者付费；三是社会环保组织的捐赠；四是国际环保组织的援助。

如何共享拓宽生态补偿融资渠道？首先，对于生态破坏者的赔偿付费，相关政府以及执法部门必须严格执行，不能让任何破坏生态环境的违规者有机可乘。其次，生态受益者付费也是生态补偿资金的重要来源，例如位于长三角下游地区的省市在享有优质水源的同时，也应当为优质水源的保护者和修复者即长三角上游地区的省市提供资金支持，为经济欠发达地区的生态补偿资金"输血"实质上是在为本地区生态补偿资金"造血"。再次，各地区以及各生态环境保护部门要加强与社会环保组织的合作，社会环保组织可以与各地区或者跨地区政府及环保部门签订协议，社会环保组织为各地区或者跨地区政府及环保部门提供生态补偿资金，而生态环保部门可以为社会环保组织提供生态效益、智力支持、技术支撑等。最后，国际环保组织的资金支持，对于解决长三角地区生态补偿"融资难"的问题，毫无疑问是高效的。长三角地区是我国对外开放的门户，引入国际环保组织的资金支持意义重大：一是可以加大长三角生态补偿资金链的力度；二是长三角地区生态文明共建机制地构建可以为世界生态文明建设贡献中国智慧、中国力量、中国样本。因此，长三角区域内不同省市之间，要共同拓宽生态补偿机制的融资渠道，互通有无。

目前长三角地区生态补偿标准模糊，三省一市之间没有形成统一的生态补偿标准的原因在于：对于生态补偿的直接成本和间接机会成本的忽视。具体来看，在生态补偿的直接成本方面，三省一市只考虑到政府作为生态补偿的直接成本承担者，而忽视了企业和社会机构也是生态补偿直接成本的承担者。企业和社会机构在资金、技术的灵活度等方面要优于政府，企业和社会机构参与到生态补偿的直接成本中，长三角地区生态补偿直接成本的承担主体将更加多元化，有助于长三角地区生态补偿标准的明确，进而推动长三角地区的生态文明共建进程。在生态补偿的间接机会成本方面，工业机会成本和农业机会成本同等重要。工业机会成本的补偿为长三角区域内经济欠发达地区在生态环境保护方面提供资金支持；农业机会成本补偿方面，长三角地区各级地方政府要从农业生产者因土地使用方式地改变而造成的损失等方面切实考虑，共同商榷如何为农业生产者提供农业机会成本的补偿。因此，长三角地区要联手明确生态补偿标准，为三省一市生态文明共建机制的构建打下坚实基础。

三、上海发挥引领作用，围绕重点领域，开展跨界协同治理实践

聚焦重点领域，围绕水、大气、土地等展开联防联控，打好治水、治气和治土综合治理攻坚战。通过紧紧抓住治理水污染、大气污染、土壤污染等关键领域，顺利推进区域生态绿色重点工作，带动区域生态环境质量全面改善，逐步协调不同区域不同行业产业的生态环境标准，完善应急管理合作模式，强化社会监督机制，推动长三角地区整体环境质量达到基本标准，守护碧水蓝天，提升生态文明建设的力度和水平，以生态保护为发展提供新支撑。

第一，在水资源保护方面，水利、环保、国土和林业等部门加强合作，建立健全水环境风险评估排查、预警预报与响应机制，严格控制污染源，完善跨界水质目标考核制度和联合在线监测制度，构建好水体污染预警应急等配套制度，推进水环境治理网格化和信息化建设。长三角地区，特别是上海市，经济总量大，港口货物吞载量和集装箱吞吐量大，企业污染、农业面源污染和城镇生活污染仍然严重破坏着生态环境。在这一方面，需要继续重点围绕移动污染源进行监督整治，统筹治理企业污染、农业面源污染和城镇生活污染，明晰生产生活产生的污染源，加强对流动污染源的监督与治理，强化区域污染源的综合控制，有效推动水污染防治，推动跨界水体水质改善。

此外，以长江干支流为经脉，改善长江口水生态健康状况，确保流域水生态健康状况持续改善，从而保障饮用水水源安全，具体举措包括以"淀山湖"、环"太湖"和长江口三大区域水生态修复与建设、水源保护为目标，开展以流域氮磷双控、生态修复为核心的综合整治，围绕长江、太湖、太浦河和淀山湖等流域，开展跨界水体联合治理保护，加大江河源头区、水源涵养区、生态敏感区保护力度，加强水域预防监督和综合整治，切实展开工作督察，优化岸线利用，推动水生态修复。同时，构建河湖绿色生态廊道，建设生态清洁型小流域，通过水质保障实现水生生物环境的优化，统筹兼顾，系统治理，全面加强河湖生态修复，保护生物多样性，维护河湖健康生命。

第二，在大气污染治理方面，优化长三角地区产业转移链条，延伸综合利用产业链，重点做好控煤、控气、控车、控尘和控烧工作，优化地区工业生产与能源利用结构，提升道路机动车辆污染治理水平，推进扬尘污染控制，深入推进秋冬季治污工作，打好污染防治攻坚战。同时，启动移动源地方立法研究工作，多部门联合，明确各部门对于移动源的职责分工，建立和完善移动源监管体系和制度设计，持续做好大气面源污染防治，确定好大气纳污能力，监督检查污染物减排任务完成情况，突出源头防控，强化管控措施，优化协作机制，统筹协调长三角各地区大气污染和监督管理职责，推动跨区域污染协同防治。

第三，在土地管理方面，支持生态循环农业发展，推进农业废弃物回收利用，开展秸秆禁烧宣传，推进秸秆综合利用。在考虑长三角各地区差异的基础上，制定防治标准，统一长三角各地区垃圾分类标准，并在制定处罚条例和设立垃圾投放标识等方面保持一致，提高生活垃圾无害化处理率，推进污染地块安全利用率核算工作，强化生态环境和规划资源部门分工协作机制，逐步削减与控制污染排放量。加强固体废弃物污染联防联治，落实产废单位主体责任，建立危废收集平台管理制度，通过完善信息系统建设运行管理机制强化事中事后监管，确保数据完整准确。及时发现建设用地土壤污染防治工作中的不足，查漏补缺，夯实土壤环境管理工作基础，规范建设用地土壤污染风险评估、风险管控与修复，推动长三角城乡土地面源污染治理和土地空间优化布局。

第四，持续开展生物多样性保护工作。建立健全以生态保护红线、自然保护地为重点的自然生态系统保护体系，持续开展好生态保护红线监管工作，落实好生态保护红线监管属地政府和主管部门的责任，以"保护生物多样性"为主题加强宣传教育，不断推进野生动植物保护和湿地生态环境保护，开展好长三角跨地区生物多样性保护工作，共同维护自然保护区的生物多样性与民生福祉。

四、上海发挥引领作用，调动各方力量，推动生态绿色一体化落到实处

第一，上海引领，苏浙皖各扬所长。生态环境保护工作是一项整体性工作，需要突破长三角区域各自为战的局面，运用一体化思维，围绕长三角三省一市污染治理现实难题，充分考虑不同地区现实差异，基于生态绿色一体化思维，努力推动一体化建设，逐步形成相互合作和支持的长效联动体制机制。同时，根据三省一市最新状况，采取有效的治理手段，应对不断变化的生态环境问题。在此过程中，发挥好上海在生态绿色一体化中的带动作用。

首先，上海需要带头树立可持续发展理念，主动推动生态环境保护，"积极打通城市与大自然生态有机体交流与联系的各种渠道，建设生态城市，把城市建设成为一种新的、重要的生态有机体"①。2005年，上海市崇明区启动以"生态崇明"地方特色课程为主要载体的生态教育实践，开辟"生态崇明"学前游戏活动课程、小学主题系列活动课程、初中限定性拓展课程和高中研究性课程，引导培

---

① 谷树忠等：《绿色转型发展》，浙江大学出版社2016年版，第256页。

育学生树立"生态人"理念，取得了系列成效。上海需要主动挖掘长三角相关地区，特别是农村地区的生态资源，加强宣传教育力度，充分利用基层组织力量，积极开展区域绿色协同发展宣讲及教育活动，带头将生态理念传播到长三角更多农村地区。这就特别需要加强对年轻一代的宣传引导，强化年轻一代的区域绿色协同发展共识，借助多元方式培育年轻一代区域生态绿色协同发展意识。

其次，上海市有关部门和成员需要彻底破除各自为战和惧怕长三角其他地区从上海获利的思维，以积极主动的姿态在生态环境协同保护方面发挥更大的引领作用，引领长三角其他地区以建设绿色美丽长三角为目标，利用上海市青浦区、金山区等与周边毗邻的地理优势，组建具有"开发性、空间层次性、自组织性和他组织性、动态演化性"[①]的一体化结构体系，发挥好上海在生态环境治理方面的资金、技术和经验优势，缩短区域之间在生态环保方面的差距，推动区域在环境协同治理与保护方面的步伐。通过上海对周边地区的辐射带动，疏解核心城市的聚集性要素，推动其他城市的功能建设。最后，上海市需要继续在水环境保护、垃圾分类等具体事务方面发挥好引领作用。以垃圾分类为例，上海市自 2019 年 7 月 1 日正式推进垃圾分类监管以来，市相关部门采取了宣传教育、奖惩跟进和动态反馈等方式推进垃圾分类。目前，上海市在垃圾分类方面居于全国领先地位，但是长三角其他地区在这一方面的推进步伐

---

① 刘晓斌：《协同治理 长三角城市群大气环境改善研究》，浙江大学出版社 2018 年版，第 59 页。

相对较慢，而且，垃圾分类和处理标准仍不统一，上海市仍然需要在这一重点领域发挥好引领作用。

苏浙皖三省基于自身的区位优势，充分考虑不同地区在招商引资、提高财政收入和提高当地居民生活水平方面的现实需求，明确不同地区在长三角生态绿色一体化中的区位特点及优势所在，在分工逐步清晰的情况下，明确各自生态环境治理职责和难点，确保苏浙皖三省更好地与上海对接，有效实现优势互补。在城市实践方面，长三角各省市需要以开放性姿态，搭建协调沟通平台，形成生态环境治理技术共享和数据共享的一体化机制。在长三角一体化部署下，调整优化各层级城市的发展定位和发展形式。明确上海龙头城市，南京、杭州、合肥三个省会城市、其他城市在长三角一体化中的功能定位，充分考虑不同城市的现实发展情况和难点困境，明确各自的总体规划和阶段性目标，明确阶段治理重难点，分步骤、分阶段推动错位发展，协调各个城市的利益冲突，尊重不同城市的发展差异和特色，优化各城市职能分工体系，协调推进各城市经济社会发展和生态环境保护，协调好这些城市之间的竞争与协作关系，在此过程中，推动长三角城市群一体化规划、建设和管理，从而搭建"多中心、多轴带、多圈层、网络化的空间发展布局"①。

第二，上海发挥引领作用，加快经济结构优化调整，打造绿色发展空间。从整体上看，长三角区域聚集了不同的产业，部分区域

① 王振：《长三角协同发展战略研究》，上海社会科学院出版社2018年版，第50页。

的产业布局对生态环境造成了较大破坏。随着上海产业结构的调整，部分具有环境污染性质的产业与企业转移到了长三角其他区域，对长三角整体生态环境造成了破坏。对此，相关区域需要逐步调整产业结构，逐步改变传统的生产方式，加快传统产业转型升级，发挥科研院所力量，加快科技创新平台建设，建设一体化生态科创基地，充分利用现代技术，提升产品的科技含量，促进科技成果及时转化，规范引导长三角区域相关主体实践。同时，在长三角区域综合考核方面，有效融入生态环境保护指标，切实贯彻生态保护优先要求，协调和改善多元利益关系，制止"以权代罚、以情代罚、以钱代罚"①行为，落实区域环境管理的主体责任，组织推进区域内各项生态环境保护工作，提高区域环境治理的效果，以绿色发展构筑绿色长三角。

此外，长三角地区既有江南水乡的自然景观，又有历史积淀而成的人文底蕴。在推动长三角生态绿色一体化发展过程中可以深入挖掘三省一市自然景观、历史古迹、民俗文化等资源，因地制宜打造具有江南水乡特色的绿色区域。推动跨界自然与人文景观在保护中得到开发，支持跨界生态文化旅游，打造生态品牌。②针对基层生态环境治理与地区整体发展需要，因地制宜，打造绿色村庄。将景区理念与旅游元素融入美丽乡村建设，大力发展乡村旅游，推动

① 刘晓斌：《协同治理　长三角城市群大气环境改善研究》，浙江大学出版社 2018 年版，第 187 页。
② 参见金瑶梅：《新形势下推进长三角更高质量一体化发展面临的挑战及其对策探析》，《理论与评论》2020 年第 2 期。

生态农业与生态旅游发展。发挥精品村庄的示范带动效应，联动推进长三角美丽乡村建设。通过区域协同合作，定期交流生态治理、生态农业和生态旅游发展进展，推动共商共建和共享共赢，逐步减少行政区隔和政策差异带来的发展束缚，优化推进农村各领域协同治理。在此基础上，推动长三角生态绿色一体化与美丽乡村协调建设，将长三角区域打造成生态绿色的一体化示范区，产生辐射作用。

第三，发挥民间组织力量，引导民众积极参与。充分发挥社会民间组织力量在生态环境保护方面的作用，夯实生态环境治理的后备力量。通过政策支持和有效动员引导，发挥好社会组织在长三角生态环境治理中的作用。引导社会组织和长三角民众增强生态绿色一体化意识，突破自身的思维限制，灵活采取合理方式，加强与长三角相邻地区的民间合作，采取多维创新举措加强生态环境保护，共同构建好绿色屏障。当然，长三角生态绿色一体化的构建离不开区域民众的绿色生活方式。低碳绿色生活体现了可持续的生活方式，彰显了区域主体的生态环境保护责任。践行绿色生活理念和生活方式，将生态环境保护内化为区域每一主体的内在使命，转换为日常生活实践。在现实生活中，区域内诸多主体已经转变高消费与高能耗的生活方式，有效进行着生态绿色生活方式。对于仍然进行高消费与高能耗的主体，需要借助社会多方力量作用，引导这些主体转变生活方式，调整不可持续的生活方式，提升长三角民众的生态素养，培育生态文化，引导民众在生活中真正融入人与自然和谐共生的理念和生态伦理理念，将生态环境公共利益作为个体价值的内在维度，并通过日常实际行动，切实为长三角生态绿色一体化发展贡献力量。

此外，完善长三角民众参与环境保护的途径，切实保障民众在生态环境领域的知情权和参与权，通过相关部门及时公布污染整治和环境保护信息，便于公众掌握权威信息，减少网络领域不真实信息造成的干扰和破坏，动态跟踪与解决针对生态环境保护形成的网络舆论。同时，完善好环境保护监督投诉制度，充分保证相关环境保护组织和个人的基本安全，鼓励民众积极参与到生态环境保护的监督实践中。在不同主体的共同努力下，凝聚起政府与民间组织、民众等多方力量，推动绿色生产生活方式成为区域发展和居民生活的主流，推动生态环境保护，确保蓝天碧水的生存空间，为长三角生态绿色一体化贡献力量。

第四，上海发挥引领作用，引领长三角区域其他城市共同构建生态绿色城市，同时进一步推进广大农村的美丽乡村建设。习近平在浦东开发开放30周年庆祝大会上强调，要构建和谐优美生态环境，把城市建设成为人与人、人与自然和谐共生的美丽家园。"不断提升绿色城市新能级，缩短不同城市间的生态差距。"①这一城市生态文明建设诉求，引起长三角地区不同省市在生态文明建设方面的共鸣。三省一市共同打造绿色城市需要注意培育四地市民的绿色意识，将绿色城市的建设目标烙在每一个市民的心中，在此基础上

---

① 金瑶梅：《新形势下推进长三角更高质量一体化发展面临的挑战及其对策探析》，《理论与评论》，2020年第2期。

进一步加强四地科技在绿色城市、生态城市建设中的比重，以强大的科技竞争力注入三省一市的生态城市竞争力，助推美丽中国建设作为执政理念的贯彻落实。

要不断加强四地科学技术在生态文明建设中的比重，以科学技术为支撑，建设现代化的生态城市。现代化的科技对于长三角地区致力打造的生态城市、绿色城市、海绵城市具有建设性的意义。为深入贯彻落实习近平关于长三角一体化发展重要讲话精神和《长江三角洲区域一体化发展规划纲要》，安徽省积极参与《长三角科技创新共同体建设发展规划》《长三角 G60 科创走廊建设方案》《2020年度长三角区域创新体系建设工作要点》等规划纲要的编制，确立长三角地区科技创新推动生态文明共同体建设的重点，避免出现"一场会议一张蓝图、一张蓝图一个口号"的局面。长三角地区不同省市都是一个独立的个体、独立的管理中心、独立的经济活动场所，但是在长三角生态一体化的背景下，相对独立的不同城市应形成整合效应，建成融合发展的城市群，共同推动城市生态文明建设的进程。

此外，苏浙皖三省的美丽乡村建设在全国范围内产生了广泛影响，上海在这方面要积极借鉴长三角其他三省的经验，将自身郊区的美丽乡村建设往前推进。对于长三角地区的生态文明共建，城市生态文明要建好建全，乡村生态文明建设更是重中之重。习近平生态文明思想是当前长三角地区乡村生态文明建设的总方略、总遵循、总指导，对于推动三省一市乡村振兴战略的贯彻落实意义深远。"大力推进美丽乡村建设，将生态理念与经济发展融入其中，以美丽乡村连接长三角城市空间地带，可以使绿色由点到线，由线到面，形成区域绿色板块，整体提升区域生态环境品质。"①长三角地区的乡村生态文明建设主要抓住两个方面的内容：一是乡村绿色农业建设，为绿色乡村、生态乡村、美丽乡村的建成夯实基础；二是实现乡村绿色致富，以旅游业拉动乡村经济增长，为乡村生态文明建设注入新的活力与生机。

首先，发展绿色农业。长三角地区建立乡村绿色农业，关键在于打破三省一市间绿色农业建设的制度藩篱。必须深入贯彻落实中共中央、国务院联合印发的《乡村振兴战略规划（2018—2022年）》和《中共中央、国务院关于抓好"三农"领域重点工作确保如期实现全面小康的意见》，两项规划中都对建立绿色生态为导向的农业补贴政策提出了深刻要求。农业生产的主体是农民，农民也是农业生产的直接受益者，政府等农业生产部门如果不予以农民相应的绿色农业生产补贴，在市场经济利益的驱使下，农民会减少绿色农业的投产。因此，绿色农业生产对于长三角地区乡村生态文明共建意义重大：一方面，这是习近平"两山论"的具体落实；另一方面，推广绿色农业，实现绿色生产方式，对于缓解当前长三角地区自然资源趋紧、提高农民经济创收、突破三农建设瓶颈具有现实意义。

其次，推动绿色致富。绿色致富对于解决长三角地区农民收入

---

① 金瑶梅：《新形势下推进长三角更高质量一体化发展面临的挑战及其对策探析》，《理论与评论》2020 年第 2 期。

少，幸福指数低等问题是一大重要创举。长三角地区不乏经济富庶、历史悠久、人才济济的城市，而乡村在空间面积、区域面积上要比城市范围大和广，但在经济发展上要远远落后于城市，这其中夹杂历史因素、政治因素、社会因素等。党的十九大对打好脱贫攻坚战作出总体部署，为推进脱贫攻坚成果同乡村振兴的高效衔接，生态扶贫战略成为推动长三角地区经济发展、缩小三省一市间经济差距、推进长三角地区生态文明共建机制建立的重要举措。深入挖掘不同地区乡村原有的人文景观、历史底蕴，以乡村特有的自然资源为依托，用旅游业拉动当地的经济发展，打造宜居、宜业、宜游的绿色乡村、生态乡村、美丽乡村。

第五，上海发挥引领作用，立足长远，推进长三角生态绿色一体化可持续发展。生态绿色一体化发展是一个系统工程，长三角三省一市不能停留于会议协商，需要切实推进各项工作有效落地。在此过程中，如果部分区域基于自身发展要求，产生"搭便车"的投机心理或者惧怕吃亏的拒斥态度而选择性落实相关举措，以排他性的态度对待区域协调治理，会导致长三角区域生态绿色一体化整体合作失效，相关联合行动未能取得相应效果，长三角一体化发展甚至会因此取得负面效果。因此，长三角各地必须立足整体，基于国家总体战略要求，结合长三角区域实际情况，以广阔的视野来看待长三角区域绿色协同发展的问题，纵深推进长三角区域一体化绿色协同发展，因地制宜、制定区域绿色协同发展远景规划，明晰阶段性任务，明晰属地目标与责任，以可持续的区域一体化发展观念深度协同配合，深入推进跨省市和跨部门合作，综合施策，常态化运行，严格执行区域绿色协同发展各项措施，将各项措施落实落细，多维并举，推动实现污染共治、环境共保、生态共建和绿色共享。

总之，良好的生态环境是社会空间的公共产品、是社会空间中最普惠的民生福祉，与社会空间中的每一个人的生活息息相关。无论是我国的生态文明建设以及美丽中国建设，还是当前长三角区域一体化建设，生态环境都是其中关键的一粒"纽扣"。推动建设良好的生态环境和长三角区域生态绿色一体化发展需要基于美好生活需要和生命共同体理念，推动人与自然可持续发展，满足人民群众对生态环境基本公共产品的需要，保障不同地区和不同收入层次的群体均能公平公正地获得最基本的健康生存环境和高品质生态产品，推动形成可持续的公平发展空间，推动长三角地区生态环境明显好转、生产生活条件得到改善、生态取得良好经济效益。通过长三角生态绿色一体化发展，推动相关成果更多、更公平地惠及人民群众。从长远的角度来说，长三角地区生态绿色一体化发展建设，有利于推动长三角地区实现经济高质量发展、推动我国生态文明建设现代化的进程、促进美丽中国美好蓝图夙愿的早日实现。

第五章　上海发挥引领作用，完善社会保障一体化，建设幸福长三角

习近平在中国共产党的十九大报告中指出："不忘初心，方得始终。中国共产党人的初心和使命，就是为中国人民谋幸福，为中华民族谋复兴。"①的确如此，我们只有对曾经的初心进行全面回顾并在此基础上进一步坚守，才能在当下的历史语境中，勇担历史使命，勇挑现实重担，从而让将来要走的道路更加明晰、顺畅。自党的十八大以来，中国特色社会主义进入新时代，我国的主要矛盾已经由过去的"人民日益增长的物质文化需要同落后的社会生产之间的矛盾"转化为如今的"人民日益增长的美好生活需要和不平衡不充分的发展之间的矛盾"，这一转化从一个侧面凸显了人民对美好生活的诉求，也表达了中国共产党坚持以人民为中心，始终以实现人民的福祉为己任的担当意识。新中国成立至今，在党的坚强领导下，我国社会处于持续的变革与发展之中。从"站起来"到"富起

---

① 习近平：《决胜全面建成小康社会　夺取新时代中国特色社会主义伟大胜利——在中国共产党第十九次全国代表大会上的报告》，人民出版社2017年版，第1页。

来"再到"强起来"的阶段性飞跃，都离不开"人民"这一主体。中国特色社会主义建设事业的出发点与落脚点都是为了提升人民的幸福指数，使全体中国人民共享经济社会发展的成果。

同样道理，新时期全面实施国家相关战略，大力推进长三角区域更高质量一体化发展，这是一项时间跨度大、新问题不断涌现的伟大工程，既需要在思想层面牢固树立长三角区域一体化协同发展的理念，将马克思主义中国化的最新理论成果——习近平新时代中国特色社会主义思想与当前长三角区域的最新现实发展紧密结合在一起，又需要在实践中敢为人先、敢于试错，不断开拓新时代长三角区域更高质量一体化发展的新领域，落实新举措，而理论与实践相辅相成的最终指向是提升长三角区域全体人民的幸福指数，在养老、教育、医疗保健、社会公共服务等诸多方面加强建设，产生实效，创建幸福长三角。

第一节　长三角区域的社会保障状况

民生福祉是社会的"稳定器"。党的十九届五中全会公报指出："坚持把实现好、维护好、发展好最广大人民根本利益作为发展的出发点和落脚点，尽力而为、量力而行，健全基本公共服务体系，完善共建共治共享的社会治理制度，扎实推动共同富裕，不断增强人民群众获得感、幸福感、安全感，促进人的全面发展和社会全面进步。要提高人民收入水平，强化就业优先政策，建设高质量教育体系，健全多层次社会保障体系，全面推进健康中国建设，实施积极应对人口老龄化国家战略，加强和创新社会治理。"①根据"两个一百年"的奋斗目标，2021 年我国已全面建成小康社会，这是中华民族发展史和人类发展史上崭新的里程碑，表征了我国对有关民生福祉工作的高度重视。习近平在 2020 年 8 月考察调研安徽时就长三角一体化中的民生问题发表了自己的看法。他强调，要促进基本公共服务便利共享，多谋民生之利、多解民生之忧，在一体化发展中补齐民生短板。三省一市要结合新冠肺炎疫情防控的经验，利用长三角地区合作机制，建立公共卫生等重大突发事件应急体系，强化医疗卫生物资储备。要推进实施统一的基本医疗保险政策，有计划逐步实现药品目录、诊疗项目、医疗服务设施目录的统一。要探索以社会保障卡为载体建立居民服务"一卡通"，在交通出行、旅游观光、文化体验等方面率先实现"同城待遇"。同时，要在补齐城乡基层治理短板、提高防御自然灾害能力上下功夫、见实效。②

近年来，随着我国生产力水平的快速提升、整体经济实力的日益增强，在社会建设方面投入大、成效明显、人民满意度不断得到提升。根据相关统计，经过长期努力，我国建成了包括养老、医疗、教育、住房等在内的世界最大的社会保障网，基本养老保险覆盖 9.67 亿人，基本医疗保险覆盖 13.5 亿多人，义务教育入学率接

---

① 《党的十九届五中全会〈建议〉学习辅导百问》，学习出版社 2020 年版，第 10 页。

② 参见《习近平在扎实推进长三角一体化发展座谈会上强调　紧扣一体化和高质量抓好重点工作　推动长三角一体化发展不断取得成效》，《光明日报》2020 年 8 月 23 日。

近 100％，基本实现了应保尽保，农村卫生厕所普及率超过 60％，城镇新增就业人口 1352 万，社保卡持卡人数超过 13 亿，完成普惠幼儿园整改 1.7 万所，老百姓的许多常用药价格也下降了。①

虽然我国的社会保障事业取得了多方面的显著成就，但是仍然需要对当前的一些状况加以改善，进一步推动相关发展。我们来看长三角区域的具体情况，长三角区域的社会保障工作一直以来有条不紊地得以展开，受益于雄厚的区域经济整体实力，三省一市的民生保障水平不断提升，成为了体现我国社会保障制度优越性的一个范本。浙江与江苏两省现有大量企业，尤其是民营企业，这些企业有些是劳动密集型企业，主要从事产品的代加工，汇聚了大量来自全国各地的普通劳动力，有些则是高科技企业，吸引了高水平的科技精英。这些民营企业和其他类型的企业一起为当地的经济发展作出了很大的贡献。长三角三省一市高度重视人才的引进，为了吸引人才、留住人才，各出高招，想方设法提高各类引进人才的福利待遇，实现社保互通。以浙江省为例，宁波市专门制定了相关规定，决定从 2020 年 9 月 11 日起进一步放开宁波市落户条件。比如，在宁波市合法稳定就业并按规定缴纳社会保险的人员，于上海、浙江、江苏、安徽三省一市缴纳的社会保险在申请落户时可累计纳入宁波市缴纳年限。又如，现户口登记在上海、浙江、江苏、安徽三省一市内的人员，在宁波市城镇地区有合法稳定住所的，可申

---

① 参见《惟愿苍生俱保暖——民生保障制度如何惠及全体人民》，《光明日报》2020 年 8 月 13 日。

请将本人和共同居住生活的配偶、子女、父母户口迁至其合法稳定住所处。①此外，长三角三省一市每年轮流举办长三角地区人才交流洽谈会和高校毕业生择业招聘会，协同推进人才共享。

长三角地区内部的交通便利快捷，各类人员往来频率非常高，就业、居住甚至旅居在不同地区间的现象非常普遍。还有大城市老年群体在中小城镇养老、跟随子女在非户籍地养老等多种类型的异地生活人群，这些人群存在非医保地居住就医就诊的大量需求。特别是老年人，对医疗门诊需求更是日常生活的一部分，对异地门诊直接结算的呼声很高。此外，还有长三角中小城市和农村地区的居民前往上海、南京、杭州等中心城市就医就诊的需求，都需要异地医保的结算。长三角异地就医直接结算工作目前正在平稳推进。据相关统计，截至 2018 年 4 月底，上海接入国家平台的定点医院扩大到 500 家，其中三级医院 41 家、二级医院 153 家、一级医院 306 家，实现了全覆盖。截至 2018 年 3 月底，上海备案到外省市就医的参保人员约 9 万人，主要分布在江苏和浙江两省；外省市备案到上海就医的人员约 47 万人，其中浙江、安徽、江苏三省的备案人数居前三位。上海已在外省市发生的异地就医直接结算共 7 000 余人次，其中结算人次最多的是江苏，占 83.6％，其次是浙江，占 11.2％；外省市已在上海发生的异地就医直接结算共 5.8 万余人次，其中浙江、江苏、安徽三省的结算人次占 60.6％。②

---

①　参见新浪网 http://zj.sina.com.cn/news/s/2020-08-17/detail-iivhvpwy1367956.shtml。
②　参见新浪网 http://sh.sina.com.cn/news/m/2018-06-01/detail-ihcikcev8604020.shtml。

从当前长三角区域的社会保障工作来看，各省市高度重视民生问题，正在不断优化资源配置方式，比如采用扁平化的组织机构和项目外包的形式。以上海市为例，伴随着政府部门以区县为划分标准采用局域网的形式过渡到上海市提供统一的市政服务信息和交换平台，为提升社会保障服务的工作效率作出了重要贡献。对社会保障信息的网络管理也由区县分散式管理发展为市级、区县二级协同管理。在社会保障服务运行过程中，由数据库信息系统提供的条件筛选机制，能够迅速地将适配的信息呈现在服务窗口前，推动组织扁平化的发展，通过线上服务收集、调配、分发、公告信息，不仅强化了高层的统一协调能力，而且有利于业务内容的开展及服务流程的公开透明，由高层直接对接基层的模式，利于减少中间环节、节省财政支出、提高工作效率、明确行政责任，鼓励中层的管理者主动学习新技能，参加组织培训，争取向组织需要的高层转变。

作为我国东部发达经济带，长三角三省一市无一例外都加大了对基层进行网络化、智能化的整改活动。伴随物联网技术的飞速发展，利用设备的触摸屏代替传统的办事窗口已经完全成为可能，甚至移动设备的 APP 本身也可用作服务窗口，如上海市推出的"市民云"移动软件，可在任何地点打开"服务窗口"，不需耗费过多时间就可完成在线办理社会保障需求。基层的工作人员则在信息收集、储存、发布和运用方面发挥着重要作用，在社会保障服务尚未完全信息化、网络化、线上化时，依靠基层提供各项信息的汇总上传，势在必行。在社会保障资金发放及综合稽查业务方面，可以用政府购买公共服务的方式，将效率较低、或者技术要求较高的项目外包给企业。例如，将社保卡的资金结算账户与银行卡相绑定，市政财务中心仅需确定发放人群及金额，由受委托的银行负责社会化的发放。在综合稽查领域，取消区县一级的综合稽查功能，将服务外包并设立东西南北四个外围点，在市级稽查总部确定稽查对象及范围时，由外包企业负责核查和取证工作，利用先进的网络技术手段与政府权限的结合，实现对涉事单位的通报与限期整改。在扁平化组织结构的基础上，政府外包项目更具有科学性、合理性，在管理高层的统一协调下，适当精简中间执行层，从而提高高层的管理调控能力，优化政府社会保障服务的行政效率。

为了提供更持续、更长久的公共治理模式，需完善相关的体制机制，如项目外包机制、绩效评估机制、监督问责机制，实现最优化的资源配置。以长三角地区作为作用域，推动合作形式的创新，做好联动发展的发展规划。国家的政策支持，是长三角发展的一大保证，就社会保障项目开展合作，共同争取政策扶持，发挥联动机制的功效，通过完善医疗费用异地跨省市支付渠道、社保的异地便利转移接续、公共服务的大平台共享，教育资源的线上共建共享、邻近城市公交化出行模式，实现统筹协调长三角地区的公共资源，推动共建、互利、共享的进程。以创新为手段，来推动合作形式的优化，在打通三省一市相关环节的进程中，应该更好地实现布局网络化，推动创新性要素在空间的自由流动，高效配置创新元素，增置创新主体，融合更加包容开放的创新环境。要坚持上海作为社保服务的优质提供中心地位，加强长三角地区不同城市之间的合作互动，共创社会保障服务联盟，营造良好的公共生态，推进社保服务创新的网络建设，发挥创新优势，集聚更多的社会服务资源，从而将公共服务以上海为中心辐射至长三角地区不同城市乃至全国其他地区。要加强资源流动性，充分发挥各地优势，综合运用区内的土地、医疗、劳动力资源，探索建设标准化的长三角医养结合的连锁型养老公益性机构。调配社会资源补齐短板，动员社会力量参与建设社会养老体系，利用苏浙皖的土地、劳动力等资源帮助解决上海的养老压力；破除行政壁垒，支持建设长三角地区的标准化连锁养老机构，建设长三角一体化养老服务信息平台，方便人员流动养老；加强医结合的建设力度，建设跨省区市的更加公平、均衡的医疗服务，通过多级诊疗机构的均衡分布，建立各地区间优势互补的养老服务格局。通过资源流通、规模经营适度降低养老机构的收费标准、提高服务人员的服务质量，缓解部分地区养老机构供给紧张、无法满足养老需求的难题。坚持贯彻融合决策、协调、执行的"三级运作"的机制。

此外，发挥领导层决策的科学性、系统性，将联合长三角地区的协调机构作为重要的平衡力量，引动长三角地区主要城市共建共享，并通过专题小组的形式贯彻执行上级的政策指令，跟随党中央的改革步伐和统筹规划，不断扩充长三角地区合作的横向与纵向领域。要进一步发挥政府在这一过程中的鼓励推动作用，在政策、机制方面给予便利，减少差异化的公共服务幅度，增进公平的社会保障体系，加强对社会公共资源的规范管理，做好长三角地区创新模式的共享共用，推动公共基础设施的互联、流动、共享，推动长三角地区信用体系一体化建设，促进公共服务的监管反馈机制落实，推动体制机制的革新，领导市场力量、团体组织、个体等多元力量，携手共进、合作共赢，推动区域的进一步融合与发展。

长三角三省一市应处理好经济发展与社会保障的辩证关系，尽量做到"两不误"。既不能只注重经济发展而忽视社会保障，也不能违背客观条件，忽视经济发展的进度而片面地强调社会保障。经济基础对社会保障的决定性意义是不可忽视的，在经济更充分、更平衡发展的基础上，才会具有更加完善的社会保障服务。长三角地区不同省市的经济发展成就不可一概而论，其中发挥龙头引领作用的上海市经济发展最为充分，故而提供的社会保障服务也更为完善。带动长三角周边地区的城市社会保障服务提升，关键还是靠经济的更加充分、平衡发展，仅仅共享制度资源，是匮乏基础上的平均，会犯马尔库塞式的反历史唯物主义的错误。马尔库塞存在与历史唯物主义冲突的方面，他把社会历史发展的根本原因归结为人的自我意识、理性，在后期则把个人的心理要求当成支配社会发展的主要因素，否认有不以人的意志为转移的社会发展客观规律的存在，并认为承认社会为客观规律所支配，就是抹杀人的能动性，就是宿命论。这样的观点是不可取的。

经济社会发展是社会保障服务完善的前提。在马克思的经典论述里，社会主义必然在资本主义发展到一定程度的基础上才会出现，财富积累的过程是资本主义消耗其生命本源的过程，亦是社会主义在母体的窠臼中孕育的过程。这种观点虽有其时代性，然而却说明社会主义的高度公平必然发生在社会财富充裕的基础上。根据马克思主义经典作家的相关理论，长三角地区的社会保障事业必然要以区域经济的高度发展为基础，如此方能得到更合理、更科学的配置。必须结合我国当前的国情和主要矛盾来推动长三角一体化的进程，始终坚持"一个中心"和"两个基本点"，结合中国具体实际来实现中华民族的伟大复兴，以长三角地区的卓越实践来带动全国更好地开展社会主义保障事业，以全中国人民获得感的提升来为人民谋幸福。

第二节　新时代建设幸福长三角亟待解决的问题

发展至今，长三角区域三省一市在社会保障、民生福祉方面所取得的成就有目共睹，这里不再赘述，由于该区域人口密集、经济发展速度快、外来人口多、各方面情况相对复杂，在长江三角洲一体化发展上升为国家战略的前提下，仍存在不少亟待解决的问题。

一、养老保障体系存在着群体间利益固化、制度分割等问题，总体供给不足，无法满足一体化发展的养老需要

长三角现存的社会保障体系存在比较明显的群体差异。不同的社会群体，由于工作单位性质不同、城市农村户口等方面的差异，被区分为不同的阶层，分别进入了参与条件不同、待遇计发方式各异的社会保障制度，造成群体间的社保制度分割和利益固化，引发一系列矛盾和问题。无论是上海还是苏浙皖各省，各地的企业职工

社会保险与机关事业单位人员社会保险都不统一，是分别建制和独自运行的。近年来虽然机关事业单位陆续开展了社会保障制度改革，相关人员都按规定缴纳社会保险费，在一定程度上消解了对公务员等群体不缴费、待遇好的批评和质疑，避免了阶层矛盾的尖锐化。但是，机关事业单位的社会保障制度依然依靠财政全额或部分拨款，并没有与企业职工社会保障制度并轨，仍然采取单独运行模式，需要持续地注入财政补贴，造成阶层利益保护的社会不良影响。还有很多农民工由于潮汐流动式地变换岗位等原因，没有固定加入长三角某一地区的企业职工基本养老保险，在参加城乡居民养老保险的人中，年缴费在最低档 100 元的人数占很高的比例，根本无法保障晚年的基本生活。可见，不同的制度围墙分割了社会群体，固化了不同阶层的利益，无法满足一体化发展的养老需求。

二、长三角地区异地就医需求量大且不平衡，医疗卫生特别是优质资源分布不均衡，目前在制度和医疗层面的供给都无法满足需要

目前，异地医保结算面临的主要问题有：一是各地医保报销的目录差异，以及同疗效产品的价格差异，造成了异地医保结算中的麻烦和问题。二是对于医保定点和非医保定点机构，不同省市间难以全部了解，尤其是上海医保定点的三级医院有医院集团，一般下属有许多医院，其中有些并非医保定点医院，而它所使用的发票和本部医院没有差异，这样就可能出现异地医保结算时将非医保定点医院的费用纳进医保，违反医保基金使用规定的情况。三是长三角地区跨省异地就医门诊医疗费用直接结算的目标和内容模糊，2018年9月28日，苏浙皖沪三省一市在上海签订合作协议，宣布长三角地区跨省异地就医门诊医疗费用直接结算（异地就医门诊结算）正式开通。苏浙皖三省选择基础管理相对较好、医保门诊报销模式相对接近的统筹地区参与首批试点。但是，首批选定的只是这四类人员，即异地安置退休人员、异地长期居住人员、常驻异地工作人员及异地转诊人员。而且，结算范围暂限个人账户和一般门诊统筹。此外，对就诊人员实行就医地目录，参保地政策，即就医时参照就医地的医保报销诊疗目录、药品目录，而报销时按照医保参保地的政策报销。对医保部门而言，跨省异地就医资金的管理，参照国家异地就医住院费用直接结算的"预付金＋清算资金"模式，在省际间实行先预付后清算，但在调研中还发现，相关的政策文件没有公开，具体内容人们不了解。

三、在基础设施建设方面差距明显，省区之间的地域分割严重

虽然从总体上来说，长三角三省一市以平原居多，自古以来交通方便，无论是陆路还是水路都比较畅通，近年来区域之间的交通设施建设提升较大，但三省一市之间区域基础设施建设各自为政，缺乏沟通，还是存在一些"老大难"问题：不同省份之间交通设施

建设对接不顺畅，省际"断头路"现象依然存在；港口建设存在无序竞争；民用机场缺乏有效分工合作。由于三省一市在经济实力上存在一定的差距，所以在交通运输的基础设施投入上也存在一定的差距。另外，长三角区域某些省市的地势平坦，比如上海与江苏，而某些省份存在一定比例的山区，比如安徽与浙江，因而在省际交通的接轨方面有一定的差距，需要进一步协调解决。

四、在社会公共服务方面存在质与量的差距

社会公共服务做得好不好，直接涉及人民群众的满意度。习近平指出："必须坚持人民主体地位，坚持立党为公、执政为民，践行全心全意为人民服务的根本宗旨，把党的群众路线贯彻到治国理政全部活动之中，把人民对美好生活的向往作为奋斗目标，依靠人民创造历史伟业。"[①]目前长三角区域在社会保障上还存在一些问题，主要表现在：三省一市的养老保障覆盖面不完整，无法在三省一市之间实现自由结转和流动；在医疗方面存在的差距较大，就医价格不一致，有些地方的医疗服务体系亟待完善，医护人员的素质有待提高，异地就医的情况较为普遍；在教育方面特别是优质教育的均衡化方面问题突出，高低差导致无法在短时期内全面拉平。

---

① 习近平：《决胜全面建成小康社会　夺取新时代中国特色社会主义伟大胜利——在中国共产党第十九次全国代表大会上的报告》，人民出版社 2017 年版，第 21 页。

五、物质至上的价值观容易造成社会保障服务由主动转被动

伴随着市场经济的进一步发展，市场作为物质交换的场所，不仅满足人的生命消耗需求，更增添了享受、质量需求。在货币收藏者那里，货币不再是简单的物与物交换的等价媒介，而是改头换面，变成可以兑换任意物品的某种神圣东西，从而也就颠倒了人们的物欲需求，而对货币本身热衷不止。这种发生性质变异的货币，让商品交换具有了更加神秘的形式，这种神秘性在人道主义方面亦有所体现，货币将劳动者视为非人的存在物，作为获取自身价值增值的一种"原料"，因此它肆意压榨人的劳动时间，"使劳动力本身未老先衰和过早死亡"①，从而获取最大的好处。其神秘性使得劳动者除了将自身的"生物力"作为商品同货币进行互动外，别无一物可赖以生存。"物神"与货币既具有共谋关系，前者又是后者得以存在并实现自我增值的基础和前提。在理解马克思相关语义的基础上，应更深刻地认识到，无所限制追求物质利益使得人民身体素质有所下降，这是当前社会保障应该关注的重点。

为了满足人民日益增长的对美好生活的需要，应当塑造绿色消费观、健康的生活理念及习惯，加强保健知识宣传力度，鼓励全民运动及竞赛，从而在正面推动人民的生活质量提高。坚定不移地走绿色发展的道路是党中央的重要决策，而绿色发展不仅仅包括自然环境的改变，人类居住场所、生活习态的改变亦是应有之义。关注

---

① 《马克思恩格斯文集》第 5 卷，人民出版社 2009 年版，第 307 页。

相关领域的政策推进及实施是提升长三角地区社会保障服务质量不可或缺的一面。

六、区域人力资源分布不均匀

整体而言，长三角区域地处我国沿海，自古以来人杰地灵，物产丰富，也是各方面优秀人才的聚集地，这些人才既包括来自国内各大名校的优秀毕业生，也包含来自国际名校的优秀学子。正是一批又一批良好的人力资源提升了长三角区域的"软实力"，大力推进该区域的经济发展与科技创新。与此同时，我们也应当看到存在一些问题，主要表现在：区域间的人力资源分布不均匀，比如上海与安徽之间在吸引人才聚集方面就存在较大的差异性；每年毕业生的就业率不同，像上海、杭州、南京等地的就业渠道较广，就业率相对要高，而一些偏远城市的就业率则相对较低；三省一市间缺乏高效的人才统一管理体制机制，人才信息渠道不够畅通。就安徽省来说，劳动力充足，但是这些劳动力中大部分文化水平偏低，各方面素质不高，只能到长三角其余省市那些劳动力密集型企业打工，或者从事服务行业，而无法从事科技含量高的工种。

七、在长三角高等教育一体化方面存在合作不深入的弊端

首先，由于缺乏系统的上层设计，导致对长三角地区高等教育的实际拉动力见效甚微，不同教育机构之间整体性、系统性的合作

缺乏，大多流于举办传统的会议论坛等模式，在实际的合作项目方面捉襟见肘，在开展高校间的互动合作方面缺乏科学的体制机制规范，导致目标不明确、效率低下，从而在高校合作领域变成了小打小闹。

其次，在制度规范、组织机构、权限责任方面存在较大的漏洞，在三省一市之间的行政区划界定清楚，不同地域的管辖归属不同责任部门，在跨区调配资源方面存在较大难度，不同省市之间横向权力较为突出，缺乏纵向权力归属关系，行政壁垒的力量导致对高等教育合作形成明显阻碍。高校合作项目的主体大多为高校教学岗位的科研人员或者行业联盟，缺乏实现资源高效合理配置的力量。现有的"长三角教育联动发展协调领导小组"及其下属机构尚未形成科学的领导、协调机制，对不同领域的科研项目合作缺乏科学规范与制度，在领导长三角地区不同省市之间跨区合作方面，难以发挥指挥、协调功能。

再者，在推动长三角地区高等教育合作方面，存在动力不足的短板。跨区域合作尚未成熟，主要体现在缺乏显著的合作成果、缺少合作经验、未有上级牵头、相关文件规定可行性不佳，导致具体落实困难重重，市场对于高校合作的生产力评估不足，缺乏资金投入与市场的资源配置力量。有的时候，长三角区域的部分学校有加强教育合作的主观诉求，但是一旦落实到操作层面则难以顺利实施。

最后，高等教育一体化过程中同构同质现象严重，缺乏切实有效的信息资源共享平台。各个高校自给自足信息闭塞，对外呈现的资源大多限制于内部人员身份访问，无法做到公共资源全民共享，从而导致无序竞争与资源浪费严重。高等院校的教育资源差异悬殊，高等教育资源倾斜向双一流高校。伴随网络技术发展，高等院校教育资源已具有共享的技术前提，长三角地区缺乏对高校教育资源电子化、网络化的督导、鼓励、支持、评价。

第三节　上海发挥引领作用，完善社会保障一体化，建设幸福长三角的重大举措

推进长三角更高质量一体化发展，最终目的是为了满足该区域人民群众对美好生活的诉求。通过优化区域公共服务供给，强化跨区域社会服务质量，使长三角地区人们生活便利，幸福指数得以提升，上海是现代化大都市，拥有雄厚的经济实力与扎实的社会保障"硬件"措施，在这方面要采取一系列重大举措，发挥引领作用。

一、上海带头打破空间隔层、减小待遇差距，大力推进社会保障改革

"大一统"是我国新时代基础性社会保障制度建设的共识，只有建立覆盖全民的统一的社会保障制度，才能做到让改革发展的成果真正惠及全民。因此，需要改革现行的由于单位性质不同、户籍差异等造成的社会保障待遇阶层差别，打通不同群体间的制度分

割，在基础性保障层面建设全民统一的制度。

第一，上海发挥引领作用，加强长三角区域内省市的社保制度改革，消除工作单位和个人身份属性等差异的传统痼疾，建设区域内统一的基础性社会保障体系。可以预期的实施路径是，不论劳动者的身份、户籍、岗位性质，都纳入全民统一的基本保障体系，享有基本医疗、基本养老的社会保障福利。作为先行先试的区域，长三角地区的社保制度并不统一，各省市内部、各省市间的制度也不统一，制度间的分割致使制度效率低下，无法统一有效地保障人员在长三角内部的有效流动。改革的建议：打破地区、单位性质、职工身份等的不同，建立区内各省市间统一的基础社会保障制度，建立三省一市的统筹基金，让劳动者在区域内的劳动和缴费都能在区域内顺畅流动，结转自如。这里统一的社会保障是基础性的社会保障，标准可以设定在保基础、保基本的水平，让各类劳动者都可以参加，且在区域内可以自由流转，这也是对我国国家层面社会保障制度改革的一种探索。我们经过调查发现，长三角地区内部的经济发展水平差距相对较小，都是人口流入地区，省级层面的社会保险基金都有盈余，具备了建立调节基金应对一体化社会保障建设的基本条件。

第二，上海发挥引领作用，加大先行先试的改革力度，充分利用区域内金融业发达的优势激发多元力量，激励社会力量参与个人账户式社保制度建设，构建多层次的保障体系。我国现行的社会保障制度基本上还停留在单一支柱的发展阶段，政府主导并事实上承担着资金支付的隐形担保责任，面临较大潜在的风险。从发展趋势看，这种担忧正在逐渐变为现实。养老保险制度内赡养率的快速攀升，放大了保障费用来源单一的缺陷，不可持续性问题日益凸显。基于此，必须改革现有社会保障支柱过于单一、法定基本保障独大的结构，发挥社会组织和市场机制的力量，建设第一、二、三支柱协同发展的社保体系。首先，政府需要从引导提供准公共产品的视角出发，推动建立基金积累型个人账户式年金制度，发展企业和职业年金养老保险。其次，运用税收优惠工具，激励人们购买税延型商业补充保险，优化保障制度内部的组成体系，进一步加强代内自我养老、医疗等制度建设。最后，拓展社会捐助、集体保险等社会组织参与社会保障建设的通道，逐步形成由政府主导、市场参与、社会运营的社会保障体系，明确各类主体的相应责任，形成有效的责任分担机制。通过发挥多主体的积极作用，拓宽资金来源渠道，做大保障基金规模，分担单一责任主体承受的日渐严重的支付压力，增强制度的可持续发展能力。

第三，上海发挥引领作用，扩大制度设计参数的区间，优化运行机制，提高社会保障体系运行的包容性和可持续性。制度参数的设定对制度的良好运行至关重要。长三角地区可以通过调整现行社会保障体系的制度参数，优化制度运行效率。这里以养老保险制度为例来加以说明。通过调整现行养老保险制度运行的相关参数，可以在一定程度上缓解养老保险基金积累不足的难题。首先，延长缴费期限。把基本养老保险制度缴费年限，由现行的 15 年提高到 20 年，增加缴费时长积累更多基金，应对不断增长的老龄人口需要。其次，取消基本养老保险缴费基数的最高最低数额限制，实行更加灵活的参保缴费政策，让有能力、有意愿的人增加社保缴费。现行缴费工资必须达到上年社会平均工资 60％的下限打击了部分低收入者的参保意愿，300％的上限又限制了部分高收入者缴费的积极性，有必要放宽限制增加基金来源。最后，多措并举，扩大流动就业者的参保覆盖面。在建立统一制度或者短期内实现社保基金全国统筹的措施下，试行在长三角吸引农民工等流动人口加入养老保险制度，扩大制度覆盖面，改善参保人员结构，平衡资金供给和支出比例，挖掘潜力解决日益突出的代际供养矛盾，让制度以更大的包容性，更好地应对区域内的社保需求。

二、上海发挥引领作用，充分发挥长三角区域各地优势，综合运用土地、医疗、劳动力资源，探索建设标准化的长三角医养结合的连锁型养老公益性机构

上海要敢闯敢试，积极调配长三角区域的社会资源补齐短板，动员社会力量参与建设社会养老体系，利用苏浙皖的土地、劳动力等资源帮助解决上海的养老压力。在此基础上，长三角区域其余各省市要进一步破除行政壁垒，支持建设长三角地区的标准化连锁养老机构，建设长三角一体化养老服务信息平台，方便人员流动养老。此外，要加强医养结合的建设力度，建设跨省区市的更加公平、均衡的医疗服务，通过多级诊疗机构的均衡分布，建立各地区间优势互补的养老服务格局。通过资源流通、规模经营、适度降低养老机构的收费标准、提高服务人员的服务质量，缓解部分地区养

老机构供给紧张，无法满足养老需求的难题。作为"龙头"城市，上海要带头切实保障民生，除了带头做好区域养老工作以外，还要提供医疗、养老保险、民生档案查档、便捷式扫码等跨区域全覆盖性服务，加快三省一市公共服务普惠便利设施建设，增加长三角人民群众的获得感。

三、上海发挥引领作用，形成长三角区域教育与就业的协同优势

上海要带头整合各方资源，建立"长三角人才库"，做到三省一市人才信息共享，深化区域人力资源协作，实施长三角高校毕业生就业促进计划、政府部门公务员跨区域招考及跨区域挂职交流等措施，加强公务员队伍人才流动，实现人才跨区域优势互补，化解长三角区域就业压力，以人员素质的提高促进社会服务质量的提升。同时，上海要带头提升信息网络平台建设水平，增加区域网络基础硬件设施，建立数据共享交换体系和数据资源共享清单，强化长三角区域各城市及乡镇在网络信息方面的共建、共享、共赢，创建数字智慧型城镇，利用大数据促进三省一市间的交流与合作，尤其是利用大数据促进长三角区域的人才信息共享、就业信息互通。

应大力促进教育与就业的协同发展，鼓励大学生积极开展创业就业，从而提供更多的劳动岗位，以长三角区域教育的更高质量一体化发展，来带动就业需求的扩大，消耗社会空闲劳动力。上海有全国著名的多所高等学府，比如复旦大学、上海交通大学、同济大

学及华东师范大学等，拥有雄厚的师资力量，因此要发挥地区优势，积极推动长三角区域四地合作办学，全面培养适合长三角一体化发展需求、具有国际视野的高素质人才，并积极开展与浙江大学、南京大学及安徽大学等高校的相互交流与合作。举例来说，上海理工大学近年来连续多次举办了"新时代·中国说"长三角大学生讲思政课活动，上海理工大学马克思主义学院也连续多年举办"长三角工程德育高端论坛"，这些活动很好地促进了长三角四地高校大学生之间的联系互动，吸引了大量媒体的目光，在一定程度上较好地推动了长三角区域教育的更高质量一体化发展。此外，早在2009 年，上海、江苏、浙江教育行政部门的负责人就签订了《关于建立长三角教育协作发展会商机制协议书》，建立长三角教育协作发展会商机制，在教育资源共享、教育信息互通、非学历教育互认等方面实现教育一体化。在具体的做法方面，可以采取一系列有效措施，这些措施包括："推动上海高校在长三角区域内跨行政区开设分校，可考虑在一体化示范区内先行先试；支持上海高校与长三角各地开展合作办学，鼓励联合共建优势学科、实验室和研究中心。"①

2018 年 12 月 18 日，在第十届长三角教育一体化发展会议上，上海、江苏、浙江、安徽签署《长三角地区教育更高质量一体化发展战略协作框架协议》和《长三角地区教育一体化发展三年行动计

① 上海市人民政府发展研究中心：《长三角更高质量一体化发展路径研究》，格致出版社、上海人民出版社 2020 年版，第 283 页。

划》，明确未来三年长三角将率先在高教、职教、师资等若干领域深化协作，同时组建长三角区域教育现代化监测中心、长三角地区联合职业教育集团等多个重点协作项目，其中长三角地区联合职业教育集团将发挥各省市的地区优势，进行职业教育的错位培养。

伴随劳动力文化程度的普遍提升，教育高精尖人才与通识教育已经成为互补互利的社会活动，应该正确引导大学生认识教育与实践的关系。高校的人才培养离不开实践理论的指导，马克思主义实践观为大学生培养工作提供了理论导向。过度寻求课外、校外的实践机遇，会丢失对课堂、课程的理论掌握与观念更新。因而，在马克思主义实践观指导下，辩证认知课堂、课外知识获取途径的差异，既注重培养大学生的践行能力，又凝练大学生的理论深度，有利于高校人才培养工作的精进。强调理论的现实性、"此岸性"，大学生理论学习的最终目的是指导社会实践。长三角区域诸多高校应当加强校际合作与交流，充分利用长三角区域一体化的良好平台，提升区域整体人才培养的水平，为区域发展提供良好的人才储备，培养具有活力、有思想、有朝气，既有扎实的理论基础，又有突出实践能力的新一代人才。在当下新冠肺炎疫情在全球蔓延的特殊时代背景下，长三角区域各政府部门、企业单位，一定要为毕业生全力开拓就业渠道，增加就业机会，化"危"为"机"，使长三角区域在今后的全国范围内，乃至世界范围内的人才竞争方面保持已有的优势。

以上简要分析了上海发挥引领作用，完善社会保障一体化，建设幸福长三角的系列重大举措，这些举措能否落实到位，需要长三角区域三省一市相互配合，协同发展，尽量缩小彼此现存的在社会保障方面的差距。顺便提一下，新时代大力推进长三角区域的高质量一体化发展，从一个侧面反映了我国对于"五大发展新理念"中的"协调"发展理念的贯彻落实，而大力促进长三角三省一市间社会保障、社会福利等的协同发展，则有利于贯彻落实"五大发展新理念"中的"共享"发展理念。2015 年 10 月，中国共产党十八届五中全会通过的《中共中央关于制定国民经济和社会发展第十三个五年规划的建议》根据全面建成小康社会决胜阶段面临的新形势、新任务，着眼于破解发展难题、增强发展动力、厚植发展优势，提出了"创新、协调、绿色、开放、共享"五大发展新理念。这五大发展新理念高屋建瓴、总揽全局，积极回应现实需要，针对我国目前在快速现代化、城市化进程中遭遇到的发展瓶颈，指明了今后中国特色社会主义建设事业前行的方向，是关系到我国发展全局的一场深刻变革。这五大发展新理念彼此相辅相成、相互支撑、相互促进。具体而言，创新是发展的动力与源泉，协调是发展的步伐与速度，绿色是发展的基础与基调，开放是发展的眼界与胸怀，共享是发展的目的和价值所在。

这里我们首先来分析与地区间不同发展水平、发展速度相关的协调发展理念。协调发展的理念主要是针对我国区域发展不平衡的问题着重提出的。从我国的发展现状来看，尽管改革开放以来东西部地区都获得了很大的发展，但是发展的速度、节奏完全不一样，东部沿海地区的区位优势不言而喻。东部沿海地区底子好，多为平原，历来是鱼米之乡，生活在这里的人们思维活跃，思想相对开放，富有经商意识，再加上能够利用地理优势，借着改革开放的东风迅速发展地方经济，使当地的生产力水平成倍增长，而广大的中、西部地区相对闭塞，很多地方交通不便，人们的观念偏于保守，地方经济发展比东部地区明显偏慢，随着时间的推移，这种地区发展的不平衡性日益突出，比如像上海等沿海地区人们的生活水准和欧美发达资本主义国家相差无几，这些地区甚至可以说已经处于"后工业社会时期"，而一些偏僻的山区甚至连电灯都没有，还属于"前工业社会时期"。举个例子，2014 年城镇居民可支配收入最高的上海市是最低的甘肃省的 2.37 倍。①邓小平曾经提出过"先富"和"后富"的问题，这一提法实际上就是针对不同地区发展的不平衡性提出来的，他这样说道："农村、城市都要允许一部分人先富裕起来，勤劳致富是正当的。一部分人先富裕起来，一部分地区先富裕起来，是大家都拥护的新办法，新办法比老办法好。"②如此广袤的中华大地，存在地区发展的差异性是很正常的，在当时的时代背景下，我国的国情是人口多、底子薄，社会生产力远远落后于西方发达资本主义国家，要想在较短的时间内快速提高生产力的发展水平，只能做到基础好、有优势的地区先发展，也就是突出几个"点"的重要性，而很难做到面面俱到。

通过改革开放 40 多年来的发展，我国的生产力水平总体上呈现大幅度提升的局面，目前的关键是要让先发展起来的地区带动后

---

① 参见阎启英、程恩富：《中国当代马克思主义理论与实践的新发展》，中国社会科学出版社 2017 年版，第 84 页。

② 《邓小平文选》第三卷，人民出版社 1993 年版，第 23 页。

发展起来的地区，尽快缩短两者之间的差异，本着协调发展的理念，加大对老、少、边、穷地区的扶持力度，通过精准扶贫、精准脱贫，实现现行标准下农村贫困人口尽快脱贫、贫困县尽快摘帽的目标，让经济发展由"点"到"面"，全面铺开，使我国社会主义事业发展的短板能够尽快得以补全，从而更好地提高我国的总体发展水平。正如党的十九届五中全会所通过的《中共中央关于制定国民经济和社会发展第十四个五年规划和二〇三五年远景目标的建议》所指出的那样："坚持实施区域重大战略、区域协调发展战略、主体功能区战略，健全区域协调发展体制机制，完善新型城镇化战略，构建高质量发展的国土空间布局和支撑体系。"①

再来看关涉民生福祉的共享发展理念。共享发展是中国特色社会主义的本质目标，它解决的是发展到底是为了谁、发展成果由谁来享受的问题。发展并不是为了少数人获得特权和利益并过上高品质的生活，归根结底，发展是为了使广大人民群众生活得更加幸福、美满，是为了广大人民群众的利益，人民群众的利益至高无上。以人民为中心，实现中华民族的伟大复兴，这是中国共产党的初心与使命。共享发展理念反映了社会主义的价值目标，发展的过程必须要依靠人民群众来推动并完成，发展的最终目的也是为了人民群众能够拥有更多的获得感。共享发展理念能否顺利实施，关系到社会主义制度与资本主义制度的根本区别是什么，关系到社会主

---

① 《中共中央关于制定国民经济和社会发展第十四个五年规划和二〇三五年远景目标的建议》，人民出版社 2020 年版，第 23 页。

义制度比资本主义制度的优越性能否体现出来的问题。

虽然在特定的历史阶段，我们根据现实国情制定了"让一部分人先富起来"的政策，但是这仅仅是阶段性的目标，作为一个在以马克思主义为指导思想的执政党的带领下，我国最终的目标是实现共产主义，即进入一个人人个性得到充分自由发展的历史阶段，在这一历史阶段中，生产力高度发达，社会产品极大丰富，大家不分彼此、共同平等地占有社会财富，享有各种权利。从过去的历史经验来看，发展成果如果由少部分人占有的话，那么社会公平正义就难以体现，广大人民群众必将怨声载道，这样的社会也不会长治久安，这样的状况也不符合社会主义所追求的平等、公平的价值目标。我国在改革开放的过程中取得了很大的成绩，同时也出现了一些问题，比如贫富差距过大的问题，这一问题已构成了现阶段人与人之间矛盾冲突的最大隐患，近年来少数人报复社会的行为以及一些人"仇富"的心理都反映出贫富差距持续扩大导致的社会矛盾。根据国家统计局的相关统计成果显示，从 2012 年到 2016 年，中国的基尼系数分别为：0.474、0.473、0.469、0.462、0.465，虽然近年来总体的发展趋势有所下降，但是普遍高于 0.4 的国际警戒线，说明情况依然不容乐观。为了下一阶段发展的顺利推进，我们必须要大力弘扬共享发展理念，以实际的行动来推动共享发展，使更多的人享受到经济社会发展带来的好处，不断向共同富裕的目标迈进。

结　语

回顾过往，中国是一个拥有着上下五千年灿烂历史的文明古国，实现了一个古老文明与现代化国家建制的高度契合。这是我们的深厚底蕴，也是我们的强大底气。但是，当我们回首中国的近现代史之时，却常常感到痛心疾首，因为这是一段落后挨打的屈辱史。我们怀着"天朝上国"的迷梦，被西方列强的隆隆炮火声所惊醒，于是被迫睁眼看世界、被迫打开国门。可以这么说，在一定程度上，中国的现代化历程不是主动推行的，而是被动地加入世界现代化的历史潮流中去的。在民族危亡的关键时刻，1917 年俄国十月革命一声炮响，为中国送来了马克思列宁主义。马克思列宁主义来到中国，为处在半殖民地、半封建社会形态中的旧中国带来了变革的曙光与发展的希望，代表了最先进、最符合中国现实国情的理论。在当时的历史语境中，一方面，因循守旧、僵化呆板的封建专制丧失了继续存在下去的生命力，已被无数事实证明早已成为了束缚中国获得新生的桎梏；另一方面，属于资产阶级民主革命性质的辛亥革命也最终被窃取成果。因此，中国的先进分子毫不犹豫地选择了马克思列宁主义。无疑，这一选择具有历史必然性与高度合理性。此后，以毛泽东为代表的中国共产党人，把马克思主义与中国革命实践相结合，开辟了中国革命的新道路，领导中国人民经过艰难困苦的斗争，建立了新中国，中国人民从此"站"了起来。

1949年新中国成立以后，中国人民意气风发，在中国共产党的领导下自力更生、奋发图强，开展了社会主义革命和社会主义建设，建立了社会主义制度，并向当时的苏联学习，形成了完整的工业体系，取得了巨大的成就。这一时期的社会主义建设虽然也遭受过严重的挫折，但本质上是党领导人民进行社会主义建设的实践探索。在新中国成立初期，虽然我国也采取了一些对外开放的政策，但是由于当时西方敌对势力对中国新生的红色政权采取反对、遏制的态度，所以我国的对外开放范围受到一定程度的限制，我国主要与当时的苏联合作交流比较多，直到1972年时任美国总统的尼克松访华之后，中美两个大国之间的交流之门才被再次打开。1978年，我国在邓小平的主导下开始进行改革开放。改革开放是中国主导下的自我创新与对外开放。没有改革，就缺乏生命力，没有开放，就容易固步自封。有了改革，就有了强大的生命力，有了开放，也就具有了更加广阔的国际视野和兼济天下的世界情怀。通过积极引进外资，制定实施各项吸引外资的便利措施，中国在对外开放中变得更加具有主动性、主导性。

随着中国的改革开放事业不断往纵深推进，具有优越地理位置的长三角区域迎来了新一轮大发展的机遇。在2020年新年贺词中，习近平总结概括了2019年我国在各项建设事业上取得的成就，特别指出：京津冀协同发展、长江经济带发展、粤港澳大湾区建设、长三角一体化发展按下快进键，黄河流域生态保护和高质量发展成为国家战略。正是在以习近平同志为核心的党中央高度重视及大力支持下，长三角区域一体化发展才能按照既定目标，不断向前推进。

本书从政治、经济、文化、生态及社会五个方面大致探讨了新形势下上海如何发挥好带头作用，与浙江、江苏及安徽一起采取一系列有力举措，大胆进行实践创新，推进长三角更高质量一体化发展的问题。所涉及的五个方面的思考与社会主义现代化强国的特征是相契合的，即政治昌明、经济发达、文化繁荣、生态美丽、社会和谐，长三角更高质量一体化发展内含这些价值诉求。同时，这五个方面的内容也与党的十八大所提出的"五位一体"的总体布局是相对应的。党的十八大首次提出了建设生态文明的号召，把生态提升到文明理念的高度，部署了"五位一体"的发展战略，将生态文明建设提升到国家重大发展战略的高度，与经济建设、政治建设、文化建设及社会建设并重，在这"五位一体"的发展战略中，经济建设是中心，政治建设是保障，文化建设是灵魂，社会建设是条件，生态文明建设是基础。无论是从贯彻落实"五位一体"总体布局的角度，还是从建设社会主义现代化强国，实现"两个一百年"奋斗目标中的现代化强国的角度来看，本书所探究的内容都是相对比较齐全的。通过这五大方面一系列举措的落地、落实、落细，可以为长三角区域在新时代的历史语境中，进一步实现高质量一体化发展开拓更加广阔的实践舞台，为已经全面建成的小康社会书写更加华丽的篇章，并助力我国向"富强民主文明和谐美丽"的社会主义现代化强国目标冲刺。

　　新形势下推进长三角更高质量一体化发展，面对很多新问题、新挑战，需要我们集思广益，勇于实践，敢于试错，时刻与处于动态变化中的国内外形势相适应，不断探索三省一市协同发展的新思路、新举措。在此过程中，上海要勇挑重担，带头先行，引领长三角其他三省建立具有稳定性、长期性、整体性、战略性的区域一体化合作机制，有效促进长三角区域一体化国家战略由理念到实践的切实转变，实现区域齐头并进高质量发展，打造一个彰显革命传统、经济发达、人文气息浓郁、生态宜居、人们生活幸福的"升级版"长三角，从而更好地服务于国家现代化建设大局与全方位开放格局，为新时代中国特色社会主义建设事业寻求新张力、激发新活力、汇聚新合力，不断开拓马克思主义中国化的新境界。

参考文献

马克思、恩格斯：《马克思恩格斯选集》第 4 卷，人民出版社 2012 年版。

马克思、恩格斯：《马克思恩格斯文集》第 2 卷、第 5 卷，人民出版社 2009 年版。

马克思、恩格斯：《马克思恩格斯全集》第 31 卷，人民出版社 1998 年版。

列宁：《哲学笔记》，人民出版社 1993 年版。

邓小平：《邓小平文选》第 3 卷，人民出版社 1993 年版。

习近平：《习近平谈治国理政》，外文出版社 2014 年版。

习近平：《习近平谈治国理政》第 3 卷，外文出版社 2020 年版。

习近平：《之江新语》，浙江人民出版社 2007 年版。

习近平：《决胜全面建成小康社会　夺取新时代中国特色社会主义伟大胜利——在中国共产党第十九次全国代表大会上的报告》，人民出版社 2017 年版。

习近平：《干在实处　走在前列——推进浙江新发展的思考与实践》，中共中央党校出版社 2006 年版。

习近平：《紧紧围绕发展和坚持中国特色社会主义 学习宣传贯彻党的十八大精神——在十八届中共中央政治局第一次集体学习时的讲话》，人民出版社 2012 年版。

《中共中央关于制定国民经济和社会发展第十四个五年规划和二〇三五年远景目标的建议》，人民出版社 2020 年版。

中共中央宣传部：《习近平总书记系列重要讲话读本》，学习出版社 2016 年版。

《党的十九届五中全会〈建议〉学习辅导百问》，学习出版社 2020 年版。

阎启英、程恩富：《中国当代马克思主义理论与实践的新发展》，中国社会科学出版社 2017 年版。

王振：《长三角协同发展战略研究》，上海社会科学院出版社 2018 年版。

赵晓雷：《2018 上海城市经济与管理发展报告（特辑）——长三角区域经济一体化与上海核心城市战略优势培育》，格致出版社、上海人民出版社 2019 年版。

赵晓雷：《2020 上海城市经济与管理发展报告——长三角生态绿色一体化发展示范区建设与上海城市能级提升》，格致出版社、上海人民出版社 2020 年版。

上海市人民政府发展研究中心：《长三角更高质量一体化发展路径研究》，格致出版社、上海人民出版社 2020 年版。

刘志彪等：《长三角高质量一体化发展研究》，中国人民大学出版社 2019 年版。

黄群慧等：《长三角区域一体化发展战略研究》，社会科学文献出版社

2017 年版。

刘晓斌：《协同治理　长三角城市群大气环境改善研究》，浙江大学出版社 2018 年版。

谷树忠等：《绿色转型发展》，浙江大学出版社 2016 年版；

国务院发展研究中心课题组：《波澜壮阔 40 年——我国改革开放 40 年回顾、总结与展望》，中国发展出版社 2019 年版。

黄金平、龚思文：《潮涌东方——浦东开发开放 30 年》，上海人民出版社 2020 年版。

东方青年学社：《上海品格：城市价值取向读本》，上海人民出版社 2012 年版。

孙立平：《转型与断裂：改革以来中国社会结构的变迁》，清华大学出版社 2004 年版。

刘建军：《单位中国：社会调控体系重构中的个人、组织与国家》，天津人民出版社 2000 年版。

赵景来：《马克思主义哲学的当代阐释》，人民出版社 2019 年版。

柏拉图：《理想国》，郭斌和、张竹明译，商务印书馆 1986 年版。

金瑶梅：《新形势下推进长三角更高质量一体化发展面临的挑战及其对策探析》，《理论与评论》2020 年第 2 期。

李焱：《长三角区域党建一体化的创新实践、现实困境及优化路径》，《上海党史与党建》2021 年第一期。

李鸿渊：《构建引领长三角 G60 科创走廊的链式党建新机制》，《东华大学学报》（社会科学版）2020 年第 1 期。

程必定：《长三角更高质量一体化发展新论》，《学术界》2019 年第 11 期。

丁晓强：《党建推动长三角一体化发展的实践与思考》，《上海党史与党建》2020 年第 1 期。

邓崴：《党报话语权：重在创新理念》，《新闻实践》2013 年第 2 期。

侯惠勤：《意识形态的变革与话语权——再论马克思主义在当代的话语权》，《马克思主义研究》2006 年第 1 期。

习近平：《弘扬"红船精神"　走在时代前列》，《光明日报》2005 年 6 月 21 日。

《习近平在上海考察时强调　深入学习贯彻党的十九届四中全会精神提高社会主义现代化国际大都市治理能力和治理水平》，《人民日报》2019 年 11 月 4 日。

《研究部署在全党开展"不忘初心，牢记使命"主题教育工作　审议长江三角洲区域一体化发展规划纲要》，《人民日报》，2019 年 5 月 14 日。

《党建引领，为一体化带来新变化》，《解放日报》2019 年 10 月 11 日。

徐彬：《区域化党建激发基层治理新活力》，《光明日报》2019 年 2 月 15 日。

何立峰：《凝聚共识　形成合力　加快推进长江三角洲区域一体化发展》，《人民日报》2019 年 12 月 4 日。

《惟愿苍生俱保暖——民生保障制度如何惠及全体人民》，《光明日报》2020 年 8 月 13 日。

《习近平在扎实推进长三角一体化发展座谈会上强调　紧扣一体化和高质量抓好重点工作　推动长三角一体化发展不断取得成效》，《光明日报》2020 年 8 月 23 日。

后　记

我是浙江省嘉兴市海盐县人，我的家乡在杭州湾北岸，紧邻上海与杭州，属于长三角区域，这片土地历来为鱼米之乡、丝绸之府、繁华之地。长三角区域包括上海、浙江、江苏及安徽，经济发达、人文荟萃、交通便利，拥有着得天独厚的区位优势。20 世纪80 年代，根据国家相关部署，长三角一体化发展拉开帷幕，2018年 11 月，习近平总书记在第一届中国国际进口博览会上宣布长江三角洲一体化上升为国家战略，长三角一体化发展以"加速度"不断往前推进。

中国共产党的十九届五中全会之后，我国形成了新的发展格局，进入高质量发展阶段，开始踏上实现第二个"百年奋斗目标"的新征程，即全面建设富强、民主、文明、和谐、美丽的社会主义现代化国家。新的历史发展阶段，国内外局势错综复杂，长三角一体化发展面临的挑战与机遇并存。近年来，围绕长三角一体化发展，我带领学术团队多次到浙江、江苏、安徽及上海郊区进行调研，切身体会了长三角一体化发展带来的新变化，尤其是调研了长三角生态绿色一体化发展示范区之后，留下了深刻印象，那里美丽舒适的生态环境令人如沐春风。上海作为国际化大都市，无疑是长三角一体化发展中的"领头雁"，在各方面发挥引领作用，带动浙江、江苏与安徽共同促进长三角区域更好、更快地一体化发展，可谓责无旁贷。本书尝试在这方面进行一番粗浅探究。

感谢我的博士生导师陈学明教授和我的硕士生导师尹鑫教授多年来对我的指导与关心，他们对我的殷切期望给了我在学术道路上继续前行的勇气。感谢燕爽教授对我的鼓励与支持，让我在遭遇困难的时候感受到了如冬阳般的温暖。感谢孟捷教授、李明灿研究员、孙力教授、马拥军教授及周文教授对我的关心与帮助。感谢我的同学浙江海盐的张凯波、华涛、肖翠蓉、黄勤良、刘红芳及王锋对我的诸多帮助，与他们一起求学的日子是人生中一段美好的回忆。另外感谢课题组成员徐志军、李焱、丁晓强、牛海、徐水华、夏小华及彭先为本书所作出的贡献，尤其是徐志军、李焱，撰写了部分内容。本书的写作与出版受到了上海市委宣传部、2020年上海市哲学社会科学规划"学习贯彻习近平总书记关于上海工作重要论述"专项课题、2019年上海市人民政府决策咨询研究重点课题的资助，在此一并致谢！

本书写作之际，恰逢中国共产党百年华诞，百年大党，风华正茂。上海与嘉兴是党的"一大"召开的神圣之地，一代又一代传承着红色基因。我自幼生活在海盐，其间又到嘉兴市住过五年时间，后来到上海读书、工作，为自己能够有幸与这片有着光荣革命传统的土地结下不解之缘而感到自豪。上海理工大学马克思主义学院为上海市示范马克思主义学院，近年来各方面稳步发展，全体教师肩负着向学生群体、社会各行各业人士积极宣讲党史的重要使命，特殊时刻，作小诗一首，予以纪念：

《建党百年颂》

庚子无常漫风云，

战瘟抗疫续华文。

百年荣光普天庆，

万千同志贺新春。

回首四史何壮阔，

伏案三进可铸魂。

初心使命聚合力，

校院同频育新人。

牛气冲天撼日月，

马到成功啸乾坤。

金瑶梅

2021 年 3 月 24 日于上海

图书在版编目(CIP)数据

上海引领长三角一体化发展的实践创新/金瑶梅著
.—上海:上海人民出版社,2021
(新思想 新实践 新作为研究丛书)
ISBN 978-7-208-17149-7

Ⅰ.①上… Ⅱ.①金… Ⅲ.①长江三角洲-区域经济
一体化-区域经济发展-研究-上海 Ⅳ.①F127.51

中国版本图书馆 CIP 数据核字(2021)第 108841 号

责任编辑 李 莹 刘 宇
封面设计 今亮后声

新思想 新实践 新作为研究丛书

上海引领长三角一体化发展的实践创新

金瑶梅 著

出　　版　上海人民出版社
　　　　　　(200001　上海福建中路 193 号)
发　　行　上海人民出版社发行中心
印　　刷　常熟市新骅印刷有限公司
开　　本　720×1000　1/16
印　　张　14
插　　页　3
字　　数　145,000
版　　次　2021 年 7 月第 1 版
印　　次　2021 年 7 月第 1 次印刷
ISBN 978-7-208-17149-7/F·2694
定　　价　55.00 元